聴く しゃべる 書く の3つのメソッドで鍛える！

英会話 トライアスロン
English Triathlon

長尾和夫＋トーマス・マーティン●著

三修社

Preface
はじめに

　英語学習の世界では、「読む・聴く・書く・話す」の4つの能力を、一般に「英語の4技能」と呼びますが、本書は、このうち、「聴く・しゃべる（話す）・書く」の3つに焦点を当てたトレーニングで、みなさんの日常英会話能力の全般的かつ飛躍的な向上を目指します。
　3技能を集中的にみっちり鍛え上げる、まさに「英会話のトライアスロン」と呼ぶにふさわしいハードなトレーニング本に仕上げることができたと自負しています。
　三修社刊の既刊書籍『絶対「英語の耳」になる！』シリーズは、「リスニング力＝聴く力」を、また『絶対「英語の口」になる！』シリーズは「スピーキング力＝しゃべる力」を鍛え上げるための書籍でしたが、かんたんに言えば、本書はこのふたつのシリーズにさらに「英語の手」に当たる「書く」トレーニングを加え、より一層の英語力の向上と定着を図ろうとするものです。
　ですから、本書を一冊通して仕上げることで、「ネイティヴ英語を聴き取る力」＋「ネイティヴらしくしゃべる力」＋「ネイティヴらしい英語を書く力」の3つを一気に身につけることが可能です。
　本書でもっとも特徴的な「英語の手＝書く」トレーニングでは、「日本語訳を参考にしながら、すでに学習した英語のダイアローグを穴埋めで書く」部分英作文的な練習と、「すでに学習したフレーズ・パターンを参考にして、新しいセンテンスを創作して書く」変形英作文的な練習の2つを採用し、それぞれを各ユニットの「集中して書く」「もっとしゃべる・書く」の部分で、毎回練習していきます。
　聴くだけでも、しゃべるだけでもなく、「聴く＋しゃべる＋書く」という3つの要素を複合的に組み合わせて構成したトレーニングは、読者諸氏の英語力を総合的に向上させるために、強い効果を発揮してくれます。「能動的に聴き、しゃべり、書く」ことを37のユニットでしつこく繰り返していくことで、みなさんのカラダの中に、しっかりとネイティヴ英語の「音・感覚・仕組み・語い・発話構成力」が根付き、本書の学習を終える頃には、それこそ能動的にスピード感あるネイティヴの話を聴き取り、理解し、素速く応答できるだけの基礎力が培われているはずです。
　本書をひととおり学習することで、みなさんが身につけてきた学校式英語を新たに構築し直し、使えるネイティヴ英語へと生まれ変わらせることができたとしたら、著者としてこれ以上のよろこびはありません。
　最後になりますが、本書の刊行にご尽力いただいた、三修社のスタッフのみなさんへの感謝の気持ちをここに記して筆を置きます。

2015年 桜の季節に
A+Café 代表　長尾和夫

How to Use 本書の使い方

❶ 各ユニットの構成
本書の各ユニットは、次のような構成になっています。
- ●基礎トレーニング
  - **Input A** ……… 聴き取り
  - **Input B** ……… 聴き取り+理解
  - **Output A** …… しゃべる
  - **Output B** …… 集中して書く
- ●応用トレーニング
  - **Output C** …… もっとしゃべる・書く

※各トレーニングの詳細は、以下に順次、解説していきます。

❷ トレーニング・レベル・アイコンとトレーニング種別アイコン
●トレーニング・レベル・アイコン

基礎トレーニング: 🏋 バーベルを持った人物の影絵で示しています。

応用トレーニング: 🏋 マシンで腹筋をしている人物の影絵で示しています。

●トレーニング種別アイコン

「聴く」トレーニング: 🏊 泳いでいる人物の影絵で示しています。

「しゃべる」トレーニング: 🚴 バイクに乗っている人物の影絵で示しています。

「書く」トレーニング: 🏃 走っている人物の影絵で示しています。

❸ ユニット番号とタイトル
各ユニットの番号と英文+和文のタイトルを掲載してあります。

❹ **Input A** 聴き取り
穴埋めディクテーション！
1. CD のナチュラル音声でダイアローグを聴き、穴埋めしよう
2. 難しいときは、CD のスロー・ナチュラル音声で穴埋めしよう

学習法 穴埋めになっている部分は必ず英語の音声が変化している語句を含んでいます（取り組みの難度を上げるために、変化のない語句と組み合わさっているときもありますので、注意しましょう）。何度も繰り返し聞き、できるだけ多くの空欄を埋めましょう。正解は、次のページの **Input B** の太字で示された英語で確認しましょう。

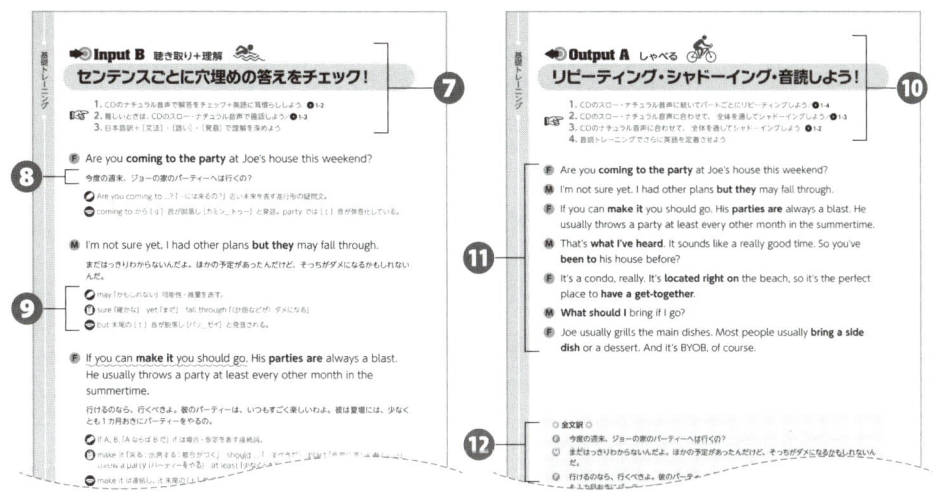

❺ 穴埋め用の空欄つきダイアローグ
ダイアローグの空欄に、CD から聞こえた英語を、自分で書き込んでいきましょう。 Ⓕ は登場人物が女性であることを、Ⓜ は男性であることを示しています。

❻ CD トラックナンバー
音声が CD のどのトラックに入っているかを示します。●1-2 となっていれば、CD 1 のトラック 2 に音声が収録されています。

❼ Input B 聴き取り+理解
センテンスごとに穴埋めの答えをチェック！
1. CD のナチュラル音声で解答をチェック+英語に耳慣らししよう
2. 難しいときは、CD のスロー・ナチュラル音声で確認しよう
3. 日本語訳+［文法］・［語い］・［発音］で理解を深めよう

学習法　太字で書かれた英語が、Input A で空欄になっていたところです。正解できたかどうか答え合わせましょう。不正解だったところを含め、会話の各パートの日本語訳や［文法］・［語い］・［発音］の解説をしっかり読み、人物がそれぞれなにを、どのような文や発音、イントネーションで話していたかを確認し、ネイティヴの英語を頭とカラダに叩き込みましょう。その上で、再度 Input A を再学習してみましょう。

❽ 日本語訳
各人物の話している英語の日本語訳を掲載してあります。

❾ 🔊アイコンについて
- Ⓐ …「文法」のポイントを簡潔に説明してあります。
- Ⓑ …「語い」の意味を簡潔に説明してあります。
- Ⓒ …「発音」の変化を簡潔に説明してあります。

❿ Output A しゃべる
リピーティング・シャドーイング・音読しよう！
1. CD のスロー・ナチュラル音声に続いてパートごとにリピーティングしよう
2. CD のスロー・ナチュラル音声に合わせて、全体を通してシャドーイングしよう
3. CD のナチュラル音声に合わせて、全体を通してシャドーイングしよう
4. 音読トレーニングでさらに英語を定着させよう

本書の使い方　5

How to Use 本書の使い方

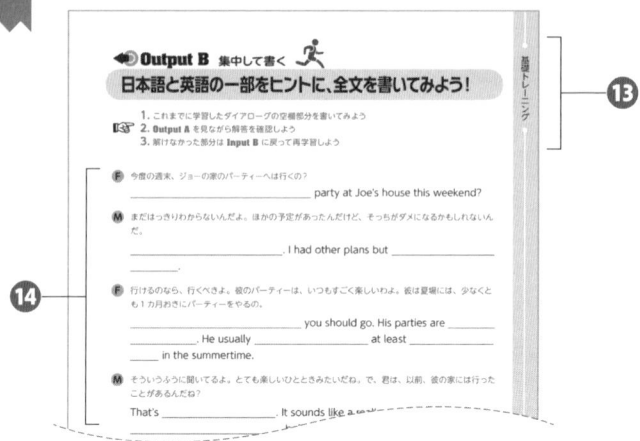

学習法 太字の音声変化に注意しながら、ネイティヴの発音をお手本に3つの取り組みをしましょう。

最初は、各人物の会話のあとのポーズで、ネイティヴの話したことをそのまままねて繰り返す練習＝［リピーティング・トレーニング］を行いましょう。この練習にはスロー・ナチュラル音声を用い、各人の発話のあとに、ほぼ同じ長さのポーズを入れてあります。そのポーズの部分で、英語を繰り返しましょう。本を見ながらの練習から始めて、本を伏せての練習へと難易度を上げていきましょう。

次は［シャドーイング・トレーニング］です。シャドーイングでは、ネイティヴの会話にほんの少しだけ遅れながら、ネイティヴの話している内容をそのまま発話していきます。ネイティヴが話し始めたら、0.5秒ほどで自分も発話をスタートし、そのまま輪唱のように追いかけて発話を進めていきましょう。最初は片方の人物だけ、その次に逆の人物だけ、最終的には両方の人物についていっぺんにシャドーイングできるまでがんばりましょう。シャドーイング練習は、まずスロー・ナチュラル音声から開始し、それができるようになったら、ナチュラル音声での練習にトライしてください。リピーティング同様、本を見ながらの練習から始めて、本を伏せての練習へと難易度を上げていきましょう。

最後は［音読トレーニング］です。ここまでの練習でしっかりと英語の内容や発音、イントネーションなどが身についているはずですので、本だけを開いて、自分ひとりでネイティヴのように話せるまで音読練習を繰り返しましょう。納得のいくまで練習することで効果が出てきます。また、自分の英語を録音して、CDの音声と聞き比べるなどすればさらにネイティヴらしい発話に近づくことが可能です。

⓫ ダイアローグ全文
英語のダイアローグ全体を、まとめて掲載しておきました。ここを見ながら **Output A** のトレーニングを行いましょう。

⓬ 全文訳
英語の意味の確認のために、下段に日本語の全文訳を付しておきました。参考にしながら、リピーティングやシャドーイング、音読のトレーニングを積んでください。

⓭ Output B 集中して書く
日本語と英語の一部をヒントに、全文を書いてみよう！
1. これまでに学習したダイアローグの空欄部分を書いてみよう
2. **Output A** を見ながら解答を確認しよう
3. 解けなかった部分は **Input B** に戻って再学習しよう

学習法 ダイアローグの一部を空欄にしてありますので、空欄を補って完全なダイアローグを完成させてください。これまでの学習で身についた英語の文法や語いなどを駆使して、英作文を行うことで、さらにそれら

の知識を定着させ、発話能力の向上につなげます。出来上がったら **Output A** と見比べながら、間違いをチェックし、間違ったところは **Input B** に戻って、再学習しましょう。最終的にすべてがひとりで埋められるようになるまで、練習を繰り返しましょう。

⑭ **空欄入り英作文用ダイアローグ**
下線の引かれている空欄に、不足している英語を書き込みましょう。

⑮ **Output C もっとしゃべる・書く**
類似の英作文にトライ！
1. ダイアローグに登場したフレーズを利用して、英作文しよう
2. 「正解をチェック！」のページで答えを確認し、間違った問題に再チャレンジしよう
3. 難しい場合は、**Input B** の波線の文を参照して再学習しよう
4. CD 音声だけを聞きながら、英作文やシャドーイングにチャレンジしよう

（学習法）**Input B** の波線のついた英文と同じ構造の英文を英作文する学習を行います。波線部の英文は日常会話に頻出の必須表現ばかりですので、しっかり身につければ外国人との会話や、海外旅行、出張などでほんとうに役に立つものばかりです。

[1] [2] [3] のあとに掲載してあるのが、**Input B** で波線を付していた英文です。まずは、これらを参照しながら、ⒶⒷⒸの各センテンスを英作文してみましょう。 この **Output C** の正解は、6 ユニットごとにまとめて掲載しています。終わったら、ページのいちばん下に＜正解は p. 12 で確認しよう＞のように示してある解答ページを開き、正誤をチェックしましょう。できなかったものに関しては、**Input B** に立ち戻って、文法や語いの確認を行ったり、理解不足の表現を自分で辞書で調べるなどしながら、何度も解き直してみましょう。

英作文でひととおりトレーニングが終わったら、本を伏せ、CD を使ってしゃべるトレーニングを行いましょう。CD には、[英語] → [日本語] の順で音声が吹き込まれているので、英語の部分をシャドーイングすることから始めましょう。シャドーイングが完全にできるようになったら、[日本語] だけを流したところでポーズして、自分で英語を発話する練習を行いましょう。発話したら、すぐにポーズを解き、英語の正解を聴きましょう。瞬間的に正しく英作文ができるようになるまで、みっちりトレーニングを積んでください。

⑯ **英作文用の空欄**
ⒶⒷⒸの次の行の下線付きの空欄に、自分で英作文したセンテンスを書き込みましょう。

以上で、本書の学習の方法に関する説明は終わりです。さあ、ページをめくって最初のユニットからスタートしましょう！

Contents
もくじ

はじめに　Preface 3
本書の使い方　How to Use 4
本書に登場する「ルールの用語」と「記号」...... 10

Unit 1 **Invitation to a House Party** 13
ホーム・パーティーのお誘い

Unit 2 **At the Register** 19
レジでの会話

Unit 3 **Asking for a Day Off** 25
休暇を願い出る

Unit 4 **Talking About Siblings** 31
姉妹についての会話

Unit 5 **A Romantic Night Out** 37
ロマンチックな夜のデート

Unit 6 **Looking for a Job** 43
職探し

　Answer Keys for Output C (Unit 1-6) 49
　アウトプット C の正解をチェック！

Unit 7 **Giving Directions** 51
道順を教える

Unit 8 **Hoping Someone Feels Better** 57
相手の回復を祈る

Unit 9 **Won't Be Home for Dinner** 63
ディナーには戻れない

Unit 10 **Cellphone Complaints** 69
携帯電話の不満

Unit 11 **How to Stop Smoking** 75
禁煙の方法

Unit 12 **Declining an Invitation for Drinks** 81
飲み会の誘いを断る

　Answer Keys for Output C (Unit 7-12) 87
　アウトプット C の正解をチェック！

Unit 13 **At the Jewelry Store** 89
宝石店で

Unit 14 **Rain Is on the Way** 95
雨の到来

Unit 15 **Last-Minute Shopping** 101
土壇場の買い物

Unit 16 **Asking for Some Help** 107
手助けを頼む

Unit 17 **Showing Your Appreciation** 113
感謝を表す

Unit 18 **Dinner Plans** 119
夕食の計画

Answer Keys for Output C (Unit 13-18) 125
アウトプット C の正解をチェック！

Unit 19 **A Lost Credit Card** 127
紛失したクレジット・カード

Unit 20 **This TV Doesn't Work** 133
このテレビ、壊れてる

Unit 21 **Doing Someone a Favor** 139
人に親切にする

Unit 22 **Turning Over a New Leaf** 145
人生の新しいページをめくる

Unit 23 **Congrats on Your Promotion** 151
昇進おめでとう

Unit 24 **Wi-Fi Is Free, Coffee Isn't** 157
Wi-Fi は無料、コーヒーは有料

Answer Keys for Output C (Unit 19-24) 163
アウトプット C の正解をチェック！

Unit 25 **Invitation to a Concert** 165
コンサートへの招待

Unit 26 **Borrowing a Lighter** 171
ライターを借りる

Unit 27 **You're Late!** 177
遅いわよ！

Unit 28 **Grading the New Teacher** 183
新しい先生の評価

Unit 29 **Who Does Your Hair?** 189
あなたの美容院はどこ？

Unit 30 **Sports Talk** 195
スポーツの会話

Answer Keys for Output C (Unit 25-30) 201
アウトプット C の正解をチェック！

Unit 31 **Working Abroad** 203
海外勤務

Unit 32 **Losing a Coworker** 209
辞めてしまう同僚

Unit 33 **Coming Home from a Business Trip** 215
出張からの帰宅

Unit 34 **Brother in the Hospital** 221
兄の入院

Unit 35 **Travel Plans** 227
旅の予定

Unit 36 **New Ringtone for New Phone** 233
新しい電話の新着信音

Unit 37 **Long Time No See** 239
久しぶりだね

Answer Keys for Output C (Unit 31-37) 245
アウトプット C の正解をチェック！

もくじ 9

本書に登場する「ルールの用語」と「記号」

本書では発音のルールを説明するために、次の用語や記号をおもに用いています。本文の CD 音声を聴きながら、以下の用語を実地で確認していきましょう。

❶ **脱落**：英語の音の一部が消えてなくなる場合に「脱落」という言葉で説明しています。例えば、good boy の good では [d] の音が脱落してなくなり、「グッ＿ボーイ」のように発話される傾向にあります。

❷ **連結**：英語の音声の中で子音と母音が連続する場面では、音の連結が頻繁に生じます。リエゾンとも呼ばれます。例えば、on it「オン・イット」の [n] の音に it の [ɪ] の音が連なって「オニット」といった発音に変化しますが、これを連結として説明しています。

❸ **弾音化**：英語の破裂音 [t] や [d] などに母音が連なっているところで、よくこの弾音化が起こります。例えば、get away では、get の [t] に away の先頭の母音 [ə] が連なっていますが、この [tə] の部分が [タ] ではなく [ダ] や [ラ] に近い弾くような音に変化してしまいます。「ゲッタウェイ」ではなく「ゲッダ [ラ] ウェイ」のように聴こえるとき、これを弾音化していると言います。

❹ **同化**：同化とは、2 つの音が混じり合って、元の音とは別の音になってしまうことです。例えば、meet you では、meet 末尾の [t] の音と you の頭の [j] が混じり合って別の「チュ」といった音に変化します。

❺ **声門閉鎖音化**：声門閉鎖音化とは、button のような単語で [tn] が連続する場面などで生じます。この場合、[t] の音が変化して「バトゥン」ではなく、「バンッ」のように聴こえる発音になります。このとき、喉の声門が咳払いをする直前のような状態で閉じられているため、この音声変化を声門閉鎖音化と呼んでいます。

❻ **記号**：本書では発音変化をカタカナ表記していますが、その中で次の記号を使用しています。
　[　] ブラケットは直前の音と入れ換え可能という意味で用いています。
　(　) 丸括弧は、囲まれている音が脱落する場合があることを示しています。
　＿　アンダーバーは、その部分の音声が脱落することを示しています。

English Triathlon

〈聴く〉〈しゃべる〉〈書く〉の3つのメソッドで鍛える!
英会話トライアスロン

Unit 1 ホーム・パーティーのお誘い
Invitation to a House Party

▶ Input A 聴き取り

穴埋めディクテーション！

1. CDのナチュラル音声でダイアローグを聴き、穴埋めしよう／●1-2
2. 難しいときは、CDのスロー・ナチュラル音声で穴埋めしよう／●1-3

F Are you _____ _____ _____ _____ at Joe's house this weekend?

M I'm not sure yet. I had other plans _____ _____ may fall through.

F If you can _____ _____ you should go. His _____ _____ always a blast. He usually throws a party at least every other month in the summertime.

M That's _____ _____ _____. It sounds like a really good time. So you've _____ _____ his house before?

F It's a condo, really. It's _____ _____ _____ the beach, so it's the perfect place to _____ _____ _____-_____.

M _____ _____ _____ bring if I go?

F Joe usually grills the main dishes. Most people usually _____ _____ _____ _____ or a dessert. And it's BYOB, of course.

▶ Input B 聴き取り＋理解

センテンスごとに穴埋めの答えをチェック！

1. CDのナチュラル音声で解答をチェック＋英語に耳慣らししよう／●1-2
2. 難しいときは、CDのスロー・ナチュラル音声で確認しよう／●1-3
3. 日本語訳＋［文法］・［語い］・［発音］で理解を深めよう

F Are you **coming to the party** at Joe's house this weekend?

今度の週末、ジョーの家のパーティーへは行くの？

- Are you coming to ...?「…には来るの?」近い未来を表す進行形の疑問文。
- coming to から [g] 音が脱落し [カミン_トゥー] と発話。party では [t] 音が弾音化している。

M I'm not sure yet. I had other plans **but they** may fall through.

まだはっきりわからないんだよ。ほかの予定があったんだけど、そっちがダメになるかもしれないんだ。

- may「かもしれない」可能性・推量を表す。
- sure「確かな」 yet「まだ」 fall through「(計画などが) ダメになる」
- but 末尾の [t] 音が脱落し [バッ_ゼイ] と発音される。

F If you can **make it** you should go. His **parties are** always a blast. He usually throws a party at least every other month in the summertime.

行けるのなら、行くべきよ。彼のパーティーは、いつもすごく楽しいわよ。彼は夏場には、たいてい少なくとも１カ月おきにパーティーをやるの。

- If A, B.「AならばBだ」if は場合・仮定を表す接続詞。
- make it「来る；出席する；都合がつく」 should ...「…すべきだ」 blast「非常に楽しいひととき」 throw a party「パーティーをやる」 at least「少なくとも」 every other month「ひと月おきに」
- make it は連結し、it 末尾の [t] 音が脱落する。parties の [t] 音が跳ね (弾音化) [パーディ [リ] ーズ] と発話。

M That's **what I've heard**. It sounds like a really good time. So you've **been to** his house before?

そういうふうに聞いてるよ。とても楽しいひとときみたいだね。で、君は、以前、彼の家には行ったことがあるんだね？

- 🔑 what I've ...「私が…したこと」先行詞を含む関係代名詞。 have been to ...「…に行ったことがある」現在完了形の経験用法。
- 📖 sound like ...「…のように聞こえる；響く」
- 🔊 what I've の連結部で [t] 音の弾音化が生じる。to の [t] 音も弾音化する。

F It's a condo, really. It's **located right on** the beach, so it's the perfect place to **have a get-together**.

実はマンションなのよ。ちょうどビーチにあるから、パーティーをやるのには完璧な場所なのよ。

- 🔑 be located on ...「…に位置している」 perfect place to have「やるのに最高の場所」不定詞の形容詞的用法。
- 📖 condo「分譲マンション」 get-together「パーティー；(非公式な) 集まり」
- 🔊 located や right on の連結部で「 t 」音の弾音化が生じる。get-together では get の [t] 音が脱落する。

M **What should I** bring if I go?

行くとしたら、なにを持っていくべきかな？

- 📖 bring「持ってくる [いく]」
- 🔊 should I は連結して [シュダイ] と発話。[d] 音が弾音化する場合もある。

F Joe usually grills the main dishes. Most people usually **bring a side dish** or a dessert. And it's BYOB, of course.

ジョーはたいていメイン・ディッシュをグリルしてくれるわ。ほとんどみんなサイド・ディッシュかデザートを持参するの。それに、もちろんだけど、お酒は各自持参だよ。

- 📖 grill「グリルで焼く；網焼きにする」 BYOB = bring your own beer/bottle「ビール／酒は各自持参」
- 🔊 bring a は連結。side dish は「 d 」音が連続するため、片方が脱落する。

Unit 1 ホーム・パーティーのお誘い 15

◀ Output A しゃべる
リピーティング・シャドーイング・音読しよう!

1. CDのスロー・ナチュラル音声に続いてパートごとにリピーティングしよう/⦿1-4
2. CDのスロー・ナチュラル音声に合わせて、全体を通してシャドーイングしよう/⦿1-3
3. CDのナチュラル音声に合わせて、全体を通してシャドーイングしよう/⦿1-2
4. 音読トレーニングでさらに英語を定着させよう

F Are you **coming to the party** at Joe's house this weekend?

M I'm not sure yet. I had other plans **but they** may fall through.

F If you can **make it** you should go. His **parties are** always a blast. He usually throws a party at least every other month in the summertime.

M That's **what I've heard**. It sounds like a really good time. So you've **been to** his house before?

F It's a condo, really. It's **located right on** the beach, so it's the perfect place to **have a get-together**.

M **What should I** bring if I go?

F Joe usually grills the main dishes. Most people usually **bring a side dish** or a dessert. And it's BYOB, of course.

○ 全文訳 ○

F 今度の週末、ジョーの家のパーティーへは行くの?

M まだはっきりわからないんだよ。ほかの予定があったんだけど、そっちがダメになるかもしれないんだ。

F 行けるのなら、行くべきよ。彼のパーティーは、いつもすごく楽しいわよ。彼は夏場には、たいてい少なくとも1カ月おきにパーティーをやるの。

M そういうふうに聞いてるよ。とても楽しいひとときみたいだね。で、君は、以前、彼の家には行ったことがあるんだね?

F 実はマンションなのよ。ちょうどビーチにあるから、パーティーをやるのには完璧な場所なのよ。

M 行くとしたら、なにを持っていくべきかな?

F ジョーはたいていメイン・ディッシュをグリルしてくれるわ。ほとんどみんなサイド・ディッシュかデザートを持参するの。それに、もちろんだけど、お酒は各自持参よ。

Output B 集中して書く

日本語と英語の一部をヒントに、全文を書いてみよう！

1. これまでに学習したダイアローグの空欄部分を書いてみよう
2. Output A を見ながら解答を確認しよう
3. 解けなかった部分は Input B に戻って再学習しよう

F 今度の週末、ジョーの家のパーティーへは行くの？

_____ party at Joe's house this weekend?

M まだはっきりわからないんだよ。ほかの予定があったんだけど、そっちがダメになるかもしれないんだ。

_____. I had other plans but _____

_____.

F 行けるのなら、行くべきよ。彼のパーティーは、いつもすごく楽しいわよ。彼は夏場には、たいてい少なくとも１カ月おきにパーティーをやるの。

_____ you should go. His parties are _____

_____. He usually _____ at least _____

_____ in the summertime.

M そういうふうに聞いてるよ。とても楽しいひとときみたいだね。で、君は、以前、彼の家には行ったことがあるんだね？

That's _____. It sounds like a really good time. So _____

_____ before?

F 実はマンションなのよ。ちょうどビーチにあるから、パーティーをやるのには完璧な場所なのよ。

It's a condo, really. It's located right on the beach, so it's _____

_____ a get-together.

M 行くとしたら、なにを持っていくべきかな？

What _____ I go?

F ジョーはたいていメイン・ディッシュをグリルしてくれるわ。ほとんどみんなサイド・ディッシュかデザートを持参するの。それに、もちろんだけど、お酒は各自持参だよ。

Joe usually grills the main dishes. Most people _____ a side dish or a dessert. And _____, of course.

Unit 1 ホーム・パーティーのお誘い 17

Output C もっとしゃべる・書く

類似の英作文にトライ！

1. ダイアローグに登場したフレーズを利用して、英作文しよう
2. 「正解をチェック！」のページで答えを確認し、間違った問題に再チャレンジしよう
3. 難しい場合は、**Input B** の波線の文を参照して再学習しよう
4. CD音声だけを聞きながら、英作文やシャドーイングにチャレンジしよう／ 1-5

[1] 行けるなら行くべきだよ。
If you can make it you should go.

Ⓐ 都合がつくのなら僕に電話すべきだよ。

Ⓑ 都合がつくのなら奥さんも連れてくるべきだよ。

Ⓒ 都合がつくのなら、その夜は泊まる予定にすべきだよ。

[2] 僕はそう聞いているよ。
That's what I've heard.

Ⓐ ラジオでそう聞いたよ。

Ⓑ 家を出る前にニュースでそれを見たよ。

Ⓒ それは、今朝、電車の中で新聞で読んだよ。

[3] パーティーをするのには最高の場所だよ。
It's the perfect place to have a get-together.

Ⓐ 誕生パーティーをするのには最高の場所だよ。

Ⓑ 子育てには最高の場所だよ。

Ⓒ キャンプに行くのには完璧な場所だよ。

<正解は p.49 で確認しよう>

Unit 2
レジでの会話
At the Register

▶ Input A 聴き取り

穴埋めディクテーション！

1. CDのナチュラル音声でダイアローグを聴き、穴埋めしよう／● 1-6
2. 難しいときは、CDのスロー・ナチュラル音声で穴埋めしよう／● 1-7

F Good evening. Were you able to you find _____ _____ _____ _____ ?

M Yes, I was. Thank you.

F Your _____ comes to $15.95. _____ _____ _____ paying with cash or credit?

M I want to pay with credit. Here's my card.

F I'm sorry sir, _____ _____ _____ _____ American Express. We accept only Visa and Mastercard.

M That's ridiculous. This is the only card I have. _____ _____ _____ any cash on me.

F I'm so sorry for the inconvenience. I don't understand why, but that's our store policy. We do have _____ _____ _____ _____ _____ _____ you can use.

M Thanks, but no thanks. I think I'll just take my business elsewhere.

F I'm sorry you feel _____ _____.

▶️ Input B 聴き取り＋理解

センテンスごとに穴埋めの答えをチェック！

1. CDのナチュラル音声で解答をチェック＋英語に耳慣らししよう／🔘1-6
2. 難しいときは、CDのスロー・ナチュラル音声で確認しよう／🔘1-7
3. 日本語訳＋［文法］・［語い］・［発音］で理解を深めよう

F Good evening. Were you able to you find **everything that you needed today**?

こんばんは。今日は必要なものをすべて見つけられましたか？

- be able to ...「…できる」可能を表す。 everything that you needed「必要だったすべてのもの」that は関係代名詞の目的格。
- everything の [g] 音や needed の [d] 音が脱落。that は弱化して [＿ァッ＿] の音だけが残る。

M Yes, I was. Thank you.

ええ、見つけられました。どうもありがとう。

- Yes, I was. は Were you able to ...? への返答。

F Your **total** comes to $15.95. **Will you be** paying with cash or credit?

お客さまの合計金額は 15 ドル 95 セントです。現金でお支払いでしょうか、クレジットでしょうか？

- come to ...「(合計で)…になる」 pay with ...「…で支払う」 cash「現金」
- total の中程の [t] 音が弾音化する。Will you は [ウィユ] と発話。be は弱化して [ビ] と発話。

M I want to pay with credit. Here's my card.

クレジット払いにしたいんですが。これが私のカードです。

- Here's ...「ここに…があります」Here's ... は存在を表す表現。物を渡すときに用いる表現。

F I'm sorry sir, **but we don't take** American Express. We accept only Visa and Mastercard.

お客さま、すみませんが、うちではアメックスは取り扱っておりません。ビザとマスターカードだけお受けしております。

- 🍊 I'm sorry, but ... 「すみませんが…」 but は逆接の接続詞。
- 📘 sir 「お客さま」 見知らぬ男性や顧客男性への敬称。　accept 「受ける」
- 👄 but と don't 末尾の [t] 音が脱落する。

Ⓜ️ That's ridiculous. This is the only card I have. **I don't have** any cash on me.

それはバカげていますね。僕はこれしかカードを持っていないんですよ。現金は持ってませんし。

- 🍊 the only card I have 「私が持っている唯一のカード」 関係代名詞の目的格 that が省略されている。
- 📘 ridiculous 「バカげた；愚かな」　not have ... on me 「…を身につけていない；いま持っていない」
- 👄 don't 末尾の [t] 音が脱落。

🅕 I'm so sorry for the inconvenience. I don't understand why, but that's our store policy. We do have **an ATM right over there that** you can use.

ご不便をおかけして申し訳ありません。理由はわからないのですが、当店の方針になっているんです。ご利用いただける ATM は、ちょうどあちらにございますが。

- 🍊 an ATM that you can use 「利用できる ATM」 that は関係代名詞の目的格。
- 📘 inconvenience 「不便」　policy 「方針」
- 👄 an ATM では音が連結し [アネイティーエム] と発話。right over の連結部では破裂音が弾音化する。that 末尾の [t] 音は脱落。

Ⓜ️ Thanks, but no thanks. I think I'll just take my business elsewhere.

いえ、けっこうです。どこか別の店で買い物しますので。

- 📘 Thanks, but no thanks. 「ありがたいが、けっこうです」 まったく興味がない場面で使われる断りの表現。 take one's business elsewhere 「よそで (客として) 行為を行う」

🅕 I'm sorry you feel **that way**.

誠に残念ですが。

- 🍊 I'm sorry (that) ... 「…で残念だ」 that は感情の原因を表す。
- 📘 that way 「そんなふうに」
- 👄 that way は [ザッ＿ウェイ] と発話。破裂音 [t] が脱落。

Unit 2　レジでの会話　21

← Output A しゃべる

リピーティング・シャドーイング・音読しよう！

1. CDのスロー・ナチュラル音声に続いてパートごとにリピーティングしよう／⏵1-8
2. CDのスロー・ナチュラル音声に合わせて、全体を通してシャドーイングしよう／⏵1-7
3. CDのナチュラル音声に合わせて、全体を通してシャドーイングしよう／⏵1-6
4. 音読トレーニングでさらに英語を定着させよう

F Good evening. Were you able to you find **everything that you needed today**?

M Yes, I was. Thank you.

F You're **total** comes to $15.95. **Will you be** paying with cash or credit?

M I want to pay with credit. Here's my card.

F I'm sorry sir, **but we don't take** American Express. We accept only Visa and Mastercard.

M That's ridiculous. This is the only card I have. **I don't have** any cash on me.

F I'm so sorry for the inconvenience. I don't understand why, but that's our store policy. We do have **an ATM right over there that** you can use.

M Thanks, but no thanks. I think I'll just take my business elsewhere.

F I'm sorry you feel **that way**.

◎ 全文訳 ◎

F こんばんは。今日は必要なものをすべて見つけられましたか？

M ええ、見つけられました。どうもありがとう。

F お客さまの合計金額は 15 ドル 95 セントです。現金でお支払いでしょうか、クレジットでしょうか？

M クレジット払いにしたいんですが。これが私のカードです。

F お客さま、すみませんが、うちではアメックスは取り扱っておりません。ビザとマスターカードだけお受けしております。

M それはバカげていますね。僕はこれしかカードを持っていないんですよ。現金は持ってませんし。

F ご不便をおかけして申し訳ありません。理由はわからないのですが、当店の方針になっているんです。ご利用いただける ATM は、ちょうどあちらにございますが。

M いえ、けっこうです。どこか別の店で買い物しますので。

F 誠に残念ですが。

Output B 集中して書く

日本語と英語の一部をヒントに、全文を書いてみよう！

1. これまでに学習したダイアローグの空欄部分を書いてみよう
2. **Output A** を見ながら解答を確認しよう
3. 解けなかった部分は **Input B** に戻って再学習しよう

F こんばんは。今日は必要なものをすべて見つけられましたか？

Good evening. Were you able to you find _____ today?

M ええ、見つけられました。どうもありがとう。

_____. Thank you.

F お客さまの合計金額は 15 ドル 95 セントです。現金でお支払いでしょうか、クレジットでしょうか？

_____ $15.95. Will you be paying with cash or credit?

M クレジット払いにしたいんですが。これが私のカードです。

I want to pay with credit. _____.

F お客さま、すみませんが、うちではアメックスは取り扱っておりません。ビザとマスターカードだけお受けしております。

I'm sorry sir, but _____ American Express. _____ Visa and Mastercard.

M それはバカげていますね。僕はこれしかカードを持っていないんですよ。現金は持ってませんし。

That's ridiculous. _____. I don't have _____.

F ご不便をおかけして申し訳ありません。理由はわからないのですが、当店の方針になっているんです。ご利用いただける ATM は、ちょうどあちらにございますが。

_____ the inconvenience. I don't _____, but that's our store policy. We do have an ATM right over there _____ _____.

M いえ、けっこうです。どこか別の店で買い物しますので。

Thanks, but no thanks. I think I'll just _____.

F 誠に残念ですが。

I'm sorry you feel that way.

Unit 2 レジでの会話 23

Output C もっとしゃべる・書く

類似の英作文にトライ！

1. ダイアローグに登場したフレーズを利用して、英作文しよう
2. 「正解をチェック！」のページで答えを確認し、間違った問題に再チャレンジしよう
3. 難しい場合は、**Input B** の波線の文を参照して再学習しよう
4. CD音声だけを聞きながら、英作文やシャドーイングにチャレンジしよう／●1-9

[1] 現金でお支払いでしょうか、クレジットでしょうか？
Will you be pay**ing** with cash or credit?

   Ⓐ 今週、ジムに話をするつもりですか？
   _____

   Ⓑ 友達のところに泊まるの、それともホテル？
   _____

   Ⓒ 明日の朝、チェック・アウトなさいますか？
   _____

[2] お客さま、申し訳ありませんが、アメックスは受け付けておりません。
I'm sorry sir, **but we don't** take American Express.

   Ⓐ お客さま、申し訳ありませんが、クレジット・カードは受け付けておりません。
   _____

   Ⓑ お客さま、申し訳ありませんが、ここでは喫煙は許可されておりません。
   _____

   Ⓒ お客さま、申し訳ありませんが、そのワンピースは在庫がございません。
   _____

[3] いま現金は持っていません。
I don't have any cash **on** me.

   Ⓐ いまタバコは持っていないんだ。
   _____

   Ⓑ いまは運転免許を持っていないんだ。
   _____

   Ⓒ ライターを持ってる？
   _____

<正解は p.49 で確認しよう>

応用トレーニング

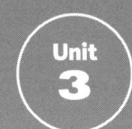# Unit 3 休暇を願い出る
Asking for a Day Off

▶ Input A 聴き取り

穴埋めディクテーション！

1. CDのナチュラル音声でダイアローグを聴き、穴埋めしよう／● 1-10
2. 難しいときは、CDのスロー・ナチュラル音声で穴埋めしよう／● 1-11

F Mr. _____, _____ _____ talk to you for a minute?

M Sure thing, Mary. _____ _____ _____ _____ for you?

F Well, the thing is ... I need to ask for this coming Monday off work. My best friend is _____ _____ on Sunday _____ _____ _____ _____ to be in the wedding ceremony.

M Do you _____ _____ vacation days left?

F No. _____ _____ came up all of a sudden. I was hoping you could grant me a PTO unpaid, _____ _____ _____ _____.

M I _____ _____ give you the day off ... that _____ _____ _____ bad precedent. I'll tell you _____ _____ _____ though, you can come in on the following Saturday and work a shift. How does that sound?

F That sounds _____! Thank you so much for _____!

▶️ Input B 聴き取り＋理解

センテンスごとに穴埋めの答えをチェック！

1. CDのナチュラル音声で解答をチェック＋英語に耳慣らししよう／🎵1-10
2. 難しいときは、CDのスロー・ナチュラル音声で確認しよう／🎵1-11
3. 日本語訳＋［文法］・［語い］・［発音］で理解を深めよう

F Mr. **Martin, can I** talk to you for a minute?

マーチンさん、ちょっとお話できますか？

- 📕 for a minute「ちょっと（の間）」
- 🔴 Martin の［tn］の部分で［t］音の声門閉鎖音化が起こる。can I は連結［キャナイ］と発話。

M Sure thing, Mary. **What can I do** for you?

もちろんだよ、メアリー。僕になにができるかな？

- 📕 Sure thing.「もちろん」なにかを請け合うときの表現。お礼への返事として「どういたしまして」の意味で使われることもある。
- 🔴 What can I は［ワッ＿キャナイ］。［t］音の脱落と can I の連結が起こる。

F Well, the thing is ... I need to ask for this coming Monday off work. My best friend is **getting married** on Sunday **and they've asked me** to be in the wedding ceremony.

ええ、実はですね…今度の月曜にお休みをお願いする必要がありまして。日曜に親友が結婚する予定で、私を式に招待してくれたんです。

- ⭕ need to ...「…する必要がある」不定詞の名詞的用法。
- 📕 the thing is「実は；要は；要するに」　off work「仕事を休んで」　get married「結婚する」　ask A to B「A に B するよう頼む」　wedding ceremony「結婚式」
- 🔴 getting の［t］音が弾音化、末尾の［g］音が脱落。and の［d］音が脱落。and they の連結部で［n］＋［ð］が［n］音に変化する。asked me からは［kt］が脱落し［アスッ＿ミー］と発話。

M Do you **have any** vacation days left?

休暇は残っているのかな？

- ⭕ vacation days left「残された休暇」過去分詞 left が vacation days を後置修飾したもの。
- 🔴 弱化した have が any に連結し［ァヴェニ］と発話される。

🇫 No. **But this** came up all of a sudden. I was hoping you could grant me a PTO unpaid, **just for that day**.

いいえ、でも突然のことで。その日だけ無給で休暇を許可していただけないかと思っていたんです。

- I was hoping that ...「…ということを願っていた」that ... 以降は名詞節。
- come up「(機会や意外なことが) 生じる」 all of a sudden「突然」 grant「許可する；承諾する」 PTO unpaid「私用の無給休暇」PTO は personal time off の略。このほか、PTO は paid time off「有給休暇」の略語として用いることもある。
- But, just, that の末尾から [t] 音が脱落する。

🇲 **I can't just** give you the day off ... that **would set a** bad precedent. I'll tell you **what I'll do** though, you can come in on the following Saturday and work a shift. How does that sound?

単純に君に休暇を与えることはできませんよ…悪い前例になりますからね。でも、こうしてはどうでしょう。次の土曜に出社して、勤務時間分、働いてもらってもいいですよ。それでどうですか？

- what I'll do「私が行うこと；私がしてあげること」what は先行詞を含む関係代名詞。
- just「ただ単に」 give ... the day off「…に休暇を与える」 precedent「前例」 following「次の」 work a shift「仕事のシフトをこなす」時給労働の場合1シフトは8時間が基本。
- can't, just, would の末尾の破裂音が脱落する。set a と what I'll は、いずれも連結部で [t] 音が弾音化する。

🇫 That sounds **great**! Thank you so much for **understanding**!

すばらしいです！ ご理解ありがとうございます！

- That sounds great「それはすばらしい」SVC の文型。
- understanding「理解；合意」
- great, understanding の末尾の破裂音は弱まったり、脱落したりする。

◀ Output A しゃべる

リピーティング・シャドーイング・音読しよう！

1. CDのスロー・ナチュラル音声に続いてパートごとにリピーティングしよう／●1-12
2. CDのスロー・ナチュラル音声に合わせて、全体を通してシャドーイングしよう／●1-11
3. CDのナチュラル音声に合わせて、全体を通してシャドーイングしよう／●1-10
4. 音読トレーニングでさらに英語を定着させよう

(F) Mr. **Martin, can I** talk to you for a minute?

(M) Sure thing, Mary. **What can I do** for you?

(F) Well, the thing is … I need to ask for this coming Monday off work. My best friend is **getting married** on Sunday **and they've asked me** to be in the wedding ceremony.

(M) Do you **have any** vacation days left?

(F) No. **But this** came up all of a sudden. I was hoping you could grant me a PTO unpaid, **just for that day**.

(M) I **can't just** give you the day off … that **would set a** bad precedent. I'll tell you **what I'll do** though, you can come in on the following Saturday and work a shift. How does that sound?

(F) That sounds **great**! Thank you so much for **understanding**!

◎ 全文訳 ◎

(F) マーチンさん、ちょっとお話できますか？

(M) もちろんだよ、メアリー。僕になにができるかな？

(F) ええ、実はですね…今度の月曜にお休みをお願いする必要がありまして。日曜に親友が結婚する予定で、私を式に招待してくれたんです。

(M) 休暇は残っているのかな？

(F) いいえ、でも突然のことで。その日だけ無給で休暇を許可していただけないかと思っていたんです。

(M) 単純に君に休暇を与えることはできませんよ…悪い前例になりますからね。でも、こうしてはどうでしょう。次の土曜に出社して、勤務時間分、働いてもらってもいいですよ。それでどうですか？

(F) すばらしいです！ ご理解ありがとうございます！

Output B 集中して書く

日本語と英語の一部をヒントに、全文を書いてみよう！

1. これまでに学習したダイアローグの空欄部分を書いてみよう
2. Output A を見ながら解答を確認しよう
3. 解けなかった部分は Input B に戻って再学習しよう

F マーチンさん、ちょっとお話できますか？

Mr. Martin, can I _____?

M もちろんだよ、メアリー。僕になにができるかな？

Sure thing, Mary. _____?

F ええ、実はですね…今度の月曜にお休みをお願いする必要がありまして。日曜に親友が結婚する予定で、私を式に招待してくれたんです。

Well, _____ ... I need to ask for _____
_____ work. My best friend is getting married on Sunday and _____
_____ in the wedding ceremony.

M 休暇は残っているのかな？

Do you have any _____?

F いいえ、でも突然のことで。その日だけ無給で休暇を許可していただけないかと思っていたんです。

No. But this came up _____. I was hoping _____
_____ a PTO unpaid, _____.

M 単純に君に休暇を与えることはできませんよ…悪い前例になりますからね。でも、こうしてはどうでしょう。次の土曜に出社して、勤務時間分、働いてもらってもいいですよ。それでどうですか？

I can't just give you the day off ... that _____.
_____ I'll do though, you can come in on the following Saturday and work a shift. _____?

F すばらしいです！ ご理解ありがとうございます！

That sounds great! Thank you so much _____!

Unit 3 休暇を願い出る   29

Output C　もっとしゃべる・書く

類似の英作文にトライ！

1. ダイアローグに登場したフレーズを利用して、英作文しよう
2. 「正解をチェック！」のページで答えを確認し、間違った問題に再チャレンジしよう
3. 難しい場合は、**Input B** の波線の文を参照して再学習しよう
4. CD音声だけを聞きながら、英作文やシャドーイングにチャレンジしよう／ 1-13

[1] 今度の月曜にお休みをお願いする必要がありまして。
I need to ask for this coming Monday off work.

Ⓐ アドバイスをお願いする必要がありまして。
_____

Ⓑ あなたのご協力をお願いする必要がありまして。
_____

Ⓒ 短期のローンをお願いする必要がありまして。
_____

[2] 残っている休暇はあるのですか？
Do you have any vacation days **left**?

Ⓐ 残っているお金はあるの、それとも全部使ったのですか？
_____

Ⓑ 残っているアップル・パイはあるの、それとも全部なくなった？
_____

Ⓒ 残っているコンサートのチケットはありますか、それとも全部売り切れましたか？
_____

[3] それならどう思いますか？
How does that **sound**?

Ⓐ 映画に行くのはどうですか？
_____

Ⓑ 今夜の夕食に、ステーキはどう？
_____

Ⓒ ボーリングかカラオケを歌いにいくのはどう思う？
_____

<正解は p.49 で確認しよう>

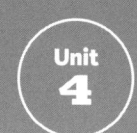

Unit 4 姉妹についての会話
Talking About Siblings

➡ Input A 聴き取り

穴埋めディクテーション！

1. CDのナチュラル音声でダイアローグを聴き、穴埋めしよう／● 1-14
2. 難しいときは、CDのスロー・ナチュラル音声で穴埋めしよう／● 1-15

M Do you have any plans for the weekend?

F My sister is _____ _____ visit for a few days.

M Sister? I _____ _____ you had one.

F She's my baby sister. She lives in California with my parents. She's just _____ _____ graduate from high school, and wants to come here to _____ _____ _____ _____ _____ few colleges.

M _____ _____ _____ _____ _____ _____ what she wants to major in?

F She's always _____ _____ become a doctor. She's the _____ _____ _____ _____ and scored off the charts _____ _____ SAT test. She has full ride scholarship offers from universities all over the _____.

M _____ _____ _____ _____ if she would choose somewhere here where she'd be close to you.

F I would love to _____ _____ _____ _____, that's for sure.

▶◉ Input B　聴き取り＋理解

センテンスごとに穴埋めの答えをチェック！

1. CDのナチュラル音声で解答をチェック＋英語に耳慣らししよう／◉1-14
2. 難しいときは、CDのスロー・ナチュラル音声で確認しよう／◉1-15
3. 日本語訳＋［文法］・［語い］・［発音］で理解を深めよう

Ⓜ Do you have any plans for the weekend?

なにか週末のプランはあるの？

　📘 weekend「週末」

Ⓕ My sister is **coming to** visit for a few days.

姉妹が数日やってくる予定なの。

　◯ be coming「来る予定だ」近い未来を表す進行形。
　📘 for a few days「数日間」
　👄 coming 末尾の破裂音［g］が脱落する。

Ⓜ Sister? I **didn't know** you had one.

姉妹？ 姉妹がいるって知らなかったよ。

　◯ one「ひとり」sister の代わりに用いられた代名詞。
　👄 didn't から［d］音や［t］音が脱落し、［ディン＿］に近い発音になる。

Ⓕ She's my baby sister. She lives in California with my parents. She's just **about to** graduate from high school, and wants to come here to **Atlanta to look at a** few colleges.

妹なの。両親とカリフォルニアに住んでるの。ちょうど高校を卒業するところでね、いくつか大学を見にこのアトランタに来たがってるの。

　◯ to look at ...「…を見るために」不定詞の副詞的用法。
　📘 baby sister「妹」　be just about to ...「ちょうど…しようとするところだ」
　　 graduate from ...「…を卒業する」
　👄 about, Atlanta から［t］音が脱落。look at a は連結し［ルッカダ［ラ］］のように発音。［t］音は弾音化する。

ⓜ **Does she have an idea of** what she wants to major in?

なにを専攻したいか、彼女に考えはあるの？

- what she wants to major in「なにを彼女が専攻したいのか」間接疑問の表現。
- idea「考え」 major in ...「…を専攻する」
- Does she は [ダッ__シー] と発話。an idea of は [アナイディァ__ヴ] と発話。an idea は連結。of は弱まって [v] 音のみが残っている。

ⓕ She's always **wanted to** become a doctor. She's the **top in her class** and scored off the charts **on her** SAT test. She has full-ride scholarship offers from universities all over the **country**.

あの子はずっと医者になりたがっているの。クラスではトップで、SAT テストではとんでもない得点を取ったの。国中の大学からフルライドの奨学金のオファーをもらっているのよ。

- score「得点する」 off the charts「とてつもなく；ものすごく」 full-ride scholarship「学費や諸経費や寮費、生活費などを含む奨学金」 offer「申し出」 all over ...「…中の」
- wanted to から [t] 音や [d] 音が脱落し [ワニッ__トゥー] と発話。in her, on her は連結し [イナー] [オナー] と発話。country では [tr] の [t] 音が [チュ] に近い音に変化する。

ⓜ **It would be cool** if she would choose somewhere here where she'd be close to you.

君の近くに住めるように、ここのどこかを彼女が選んだとしたら、すごくいいね。

- It would be ... if ...「もし だとしたら、…だろう」仮定法過去の表現。 ... where she'd be close to you「彼女が近くに暮らすことになる…」where は関係副詞。
- cool「すごい；よい；イケてる」 somewhere here「ここのどこか」here はアトランタを指す。 close to ...「…に近い」
- It would be から破裂音が脱落し、[イッ__ウッ__ビ] と発話。

ⓕ I would love to **see her more often**, that's for sure.

確かに、妹とはもっと頻繁に会えるとうれしいなあ。

- more often「もっと頻繁に」 for sure「確かに」
- see her の her が弱化し [スィーァー] のように発話。

Unit 4 姉妹についての会話

◀) Output A しゃべる

リピーティング・シャドーイング・音読しよう！

1. CDのスロー・ナチュラル音声に続いてパートごとにリピーティングしよう／◉1-16
2. CDのスロー・ナチュラル音声に合わせて、全体を通してシャドーイングしよう／◉1-15
3. CDのナチュラル音声に合わせて、全体を通してシャドーイングしよう／◉1-14
4. 音読トレーニングでさらに英語を定着させよう

M Do you have any plans for the weekend?

F My sister is **coming to** visit for a few days.

M Sister? I **didn't know** you had one.

F She's my baby sister. She lives in California with my parents. She's just **about to** graduate from high school, and wants to come here to **Atlanta to look at a** few colleges.

M **Does she have an idea of** what she wants to major in?

F She's always **wanted to** become a doctor. She's the **top in her class** and scored off the charts **on her** SAT test. She has full-ride scholarship offers from universities all over the **country**.

M **It would be cool** if she would choose somewhere here where she'd be close to you.

F I would love to **see her more often**, that's for sure.

◎ 全文訳 ◎

M なにか週末のプランはあるの？

F 姉妹が数日やってくる予定なの。

M 姉妹？姉妹がいるって知らなかったよ。

F 妹なの。両親とカリフォルニアに住んでるの。ちょうど高校を卒業するところでね、いくつか大学を見にこのアトランタに来たがってるの。

M なにを専攻したいか、彼女に考えはあるの？

F あの子はずっと医者になりたがっているの。クラスではトップで、SATテストではとんでもない得点を取ったの。国中の大学からフルライドの奨学金のオファーをもらっているのよ。

M 君の近くに住めるように、ここのどこかを彼女が選んだとしたら、すごくいいね。

F 確かに、妹とはもっと頻繁に会えるとうれしいなあ。

34

Output B 集中して書く

日本語と英語の一部をヒントに、全文を書いてみよう!

1. これまでに学習したダイアローグの空欄部分を書いてみよう
2. Output A を見ながら解答を確認しよう
3. 解けなかった部分は Input B に戻って再学習しよう

(M) なにか週末のプランはあるの?
_____ plans for the weekend?

(F) 姉妹が数日やってくる予定なの。
My sister is coming to _____.

(M) 姉妹! 姉妹がいるって知らなかったよ。
Sister? I didn't know _____.

(F) 妹なの。両親とカリフォルニアに住んでるの。ちょうど高校を卒業するところでね、いくつか大学を見にこのアトランタに来たがってるの。
She's my baby sister. She lives in California with my parents. _____
_____ from high school, and wants to come here to
Atlanta to look at a few colleges.

(M) なにを専攻したいか、彼女に考えはあるの?
Does she have an idea _____?

(F) あの子はずっと医者になりたがっくいるの。クラスではトップで、SAT テストではとんでもない得点を取ったの。国中の大学からフル・ライドの奨学金のオファーをもらっているのよ。
She's _____ a doctor. She's the top in her class and
_____ on her SAT test. She has _____
_____ from universities all over the country.

(M) 君の近くに住めるように、ここのどこかを彼女が選んだとしたら、すごくいいね。
_____ she would choose somewhere here _____
_____.

(F) 確かに、妹とはもっと頻繁に会えるとうれしいなあ。
_____ more often, that's for sure.

Unit 4 姉妹についての会話

Output C もっとしゃべる・書く

類似の英作文にトライ！

1. ダイアローグに登場したフレーズを利用して、英作文しよう
2. 「正解をチェック！」のページで答えを確認し、間違った問題に再チャレンジしよう
3. 難しい場合は、**Input B** の波線の文を参照して再学習しよう
4. CD音声だけを聞きながら、英作文やシャドーイングにチャレンジしよう／●1-17

[1] 彼女はちょうど高校を卒業するところです。
She**'s just about to** graduate from high school.

Ⓐ 私はちょうどオフィスを出るところです。
_____

Ⓑ ちょうど君に電話しようとしていたんだ。
_____

Ⓒ ちょうど夕食を食べるところです。
_____

[2] 彼女はずっと医者になりたがっています。
She**'s always wanted to** become a doctor.

Ⓐ 彼はずっと日本に住みたがっています。
_____

Ⓑ 彼女はずっと子どもを欲しがっています。
_____

Ⓒ ずっとキャデラックを買いたかったんです。
_____

[3] もっと頻繁に彼女に会えたらうれしいなあ。
I would love to see her more often.

Ⓐ 家で仕事ができたらうれしいなあ。
_____

Ⓑ 別の言葉を学べたらうれしいなあ。
_____

Ⓒ 近い将来、新車が買えたらうれしいなあ。
_____

<正解は p.50 で確認しよう>

Unit 5 ロマンチックな夜のデート
A Romantic Night Out

➡ Input A 聴き取り

穴埋めディクテーション！

1. CDのナチュラル音声でダイアローグを聴き、穴埋めしよう／ 1-18
2. 難しいときは、CDのスロー・ナチュラル音声で穴埋めしよう／ 1-19

M I'm thinking _____ _____ Cindy someplace special for dinner this weekend. Is there any _____ you would recommend?

F Have you guys ever been to Fogo de Chao? That's by far _____ _____ _____.

M I've never _____ _____ _____ _____. _____ _____ _____ restaurant is it?

F It's a Brazilian-style steak restaurant. They serve all kinds of _____ _____ _____, and _____ _____ _____ is incredible. The atmosphere is really romantic too.

M Is _____ _____? I _____ _____ _____ _____ _____ somewhere nice to celebrate, _____ _____ don't _____ _____ _____ _____ _____ _____ _____ leg.

F Well, it's _____ _____, _____ _____ worth the money, in my opinion. It's probably going to _____ _____ _____ _____ $50 a person, _____ _____ mind it's all-you-can-eat.

▶ Input B 聴き取り＋理解

センテンスごとに穴埋めの答えをチェック！

1. CDのナチュラル音声で解答をチェック＋英語に耳慣らししよう／ 1-18
2. 難しいときは、CDのスロー・ナチュラル音声で確認しよう／ 1-19
3. 日本語訳＋［文法］・［語い］・［発音］で理解を深めよう

M I'm thinking **about taking** Cindy someplace special for dinner this weekend. Is there any **restaurant** you would recommend?

今週末のディナーに、シンディーをどこか特別なところに連れていこうと思ってるんだ。おすすめのレストランはある？

- someplace special「どこか特別な場所」special は後置修飾している。restaurant you would recommend「あなただったらすすめるレストラン」would は仮定の意味合いを含む。
- recommend「すすめる；推奨する」
- about, restaurant 末尾の［ t ］音が脱落する。

F Have you guys ever been to Fogo de Chao? That's by far **my favorite place**.

あなたたちはフォウゴ・デ・チャオには行ったことある？ 断然、私のお気に入りの場所なのよ。

- Have you ever been to ...?「…へ行ったことはありますか？」現在完了形の経験用法の疑問文。
- by far「断然」
- favorite place では破裂音の連続により、片方の［ t ］音が脱落。

M I've never **even heard of it. What kind of** restaurant is it?

これまでに聞いたこともないな。そこって、どんなレストランなの？

- I've never even heard of ...「…について聞いたことさえない」完了形の経験用法。even は「…さえ」という強調。
- heard of it は［ハーダヴィッ_］と発話。heard of の連結と it の［ t ］音の脱落が生じている。What からも［ t ］音が脱落。

F It's a Brazilian-style steak restaurant. They serve all kinds of **meat on skewers**, and **their salad bar** is incredible. The atmosphere is really romantic too.

ブラジリアン・スタイルのステーキ・レストランよ。あらゆるお肉を串焼きで出すの。それに、そこのサラダ・バーも最高なのよ。雰囲気もとてもロマンチックだしね。

- serve「(食事などを) 出す」 all kinds of ...「あらゆる種類の…」 skewer「焼き串」
  incredible「(信じられないほど) すばらしい」 atmosphere「雰囲気」
- meat on は連結部で破裂音が弾音化する。salad bar からは [d] 音が脱落。

M Is **it pricey**? **I want to treat her to** somewhere nice to celebrate, **but I** don't **want to spend an arm and a** leg.

値が張るのかな？ お祝いするのにいいところで彼女をもてなしたいんだけど、ものすごい大金は使いたくないんだよね。

- somewhere nice to celebrate「祝うのによい場所」不定詞の形容詞的用法。
- pricey「値の張る；高額な」 spend an arm and a leg「大金を使う」
- it から [t] 音が脱落。2カ所の want to は [ワナ] と極端に変化する。treat her, but I は連結部で破裂音 [t] の弾音化が起こる。spend an arm からは [d] 音が脱落して各語が連結。and a でも同様の変化が起こる。

F Well, it's **not cheap, but it's** worth the money, in my opinion. It's probably going to **set you back about** $50 a person, **but keep in** mind it's all-you-can-eat.

うーん、安くはないけど、その価値はあるわね、私の意見では。おそらくひとり 50 ドルくらいはかかるけど、食べ放題だってことを覚えておいてね。

- cheap「安い」 worth ...「…の価値がある」
  set someone back about ...「…に約…(お金が) かかる」
  keep in mind「覚えておく；頭に入れる」
  all-you-can-eat「食べ放題の」
- not, set, about, but の末尾で [t] 音が脱落。but it's は連結部で破裂音 [t] が弾音化する。keep in では 2 語が連結。

Unit 5 ロマンチックな夜のデート 39

Output A　しゃべる

リピーティング・シャドーイング・音読しよう！

1. CDのスロー・ナチュラル音声に続いてパートごとにリピーティングしよう／ 1-20
2. CDのスロー・ナチュラル音声に合わせて、全体を通してシャドーイングしよう／ 1-19
3. CDのナチュラル音声に合わせて、全体を通してシャドーイングしよう／ 1-18
4. 音読トレーニングでさらに英語を定着させよう

M　I'm thinking **about taking** Cindy someplace special for dinner this weekend. Is there any **restaurant** you would recommend?

F　Have you guys ever been to Fogo de Chao? That's by far **my favorite place**.

M　I've never **even heard of it. What kind of** restaurant is it?

F　It's a Brazilian-style steak restaurant. They serve all kinds of **meat on skewers**, and **their salad bar** is incredible. The atmosphere is really romantic too.

M　Is **it pricey**? I **want to treat her to** somewhere nice to celebrate, **but I** don't **want to spend an arm and a** leg.

F　Well, it's **not cheap, but it's** worth the money, in my opinion. It's probably going to **set you back about** $50 a person, **but keep in** mind it's all-you-can-eat.

◎ 全文訳 ◎

M　今週末のディナーに、シンディーをどこか特別なところに連れていこうと思ってるんだ。おすすめのレストランはある？

F　あなたたちはフォウゴ・デ・チャオには行ったことある？　断然、私のお気に入りの場所なのよ。

M　これまでに聞いたこともないな。そこって、どんなレストランなの？

F　ブラジリアン・スタイルのステーキ・レストランよ。あらゆるお肉を串焼きで出すの。それに、そこのサラダ・バーも最高なのよ。雰囲気もとてもロマンチックだしね。

M　値が張るのかな？　お祝いするのにいいところで彼女をもてなしたいんだけど、ものすごい大金は使いたくないんだよね。

F　うーん、安くはないけど、その価値はあるわね、私の意見では。おそらくひとり50ドルくらいはかかるけど、食べ放題だってことを覚えておいてね。

Output B 集中して書く
日本語と英語の一部をヒントに、全文を書いてみよう！

1. これまでに学習したダイアローグの空欄部分を書いてみよう
2. Output A を見ながら解答を確認しよう
3. 解けなかった部分は Input B に戻って再学習しよう

M 今週末のディナーに、シンディーをどこか特別なところに連れていこうと思ってるんだ。おすすめのレストランはある？

_____ taking Cindy someplace special for dinner this weekend. Is there any restaurant _____?

F あなたたちはフォウゴ・デ・チャオには行ったことある？ 断然、私のお気に入りの場所なのよ。

_____ Fogo de Chao? That's _____ place.

M これまでに聞いたこともないな。そこって、どんなレストランなの？

_____ of it. What kind of restaurant is it?

F ブラジリアン・スタイルのステーキ・レストランよ。あらゆるお肉を串焼きで出すの。それに、そこのサラダ・バーも最高なのよ。雰囲気もとてもロマンチックだしね。

It's a Brazilian-style steak restaurant. _____ meat on skewers, and their salad bar is incredible. _____ really romantic too.

M 値が張るのかな？ お祝いするのにいいところで彼女をもてなしたいんだけど、ものすごい大金は使いたくないんだよね。

_____? I want to treat her to somewhere _____, but I don't want to _____.

F うーん、安くはないけど、その価値はあるわね、私の意見では。おそらくひとり50ドルくらいはかかるけど、食べ放題だってことを覚えておいてね。

Well, it's not cheap, but _____, in my opinion. It's probably going to _____ $50 a person, _____ it's all-you-can-eat.

Unit 5 ロマンチックな夜のデート

Output C もっとしゃべる・書く

類似の英作文にトライ！

1. ダイアローグに登場したフレーズを利用して、英作文しよう
2. 「正解をチェック！」のページで答えを確認し、間違った問題に再チャレンジしよう
3. 難しい場合は、**Input B** の波線の文を参照して再学習しよう
4. CD音声だけを聞きながら、英作文やシャドーイングにチャレンジしよう／1-21

[1] 今週末のディナーに、シンディーをどこか特別なところに連れていこうと思ってるんです。
I'm thinking about tak**ing** Cindy someplace special for dinner this weekend.

Ⓐ 今度の土曜日にスキーに行こうと考えているんです。
_____

Ⓑ 彼女は新しいノート・パソコンを買おうと考えているんです。
_____

Ⓒ われわれは、来年、自分たちのビジネスを始めることを考えているんです。
_____

[2] あなたたちはフォゴ・デ・チャオには行ったことありますか？
Have you guys **ever** been to Fogo de Chao?

Ⓐ 海外旅行に行ったことはありますか？
_____

Ⓑ フグは試してみたことがありますか？
_____

Ⓒ Skype は使ったことがありますか？
_____

* blowfish「フグ」

[3] 安くはないけど、その金額の価値はありますよ。
It's not cheat, **but it's worth the** money.

Ⓐ かんたんではないけど、努力する価値はありますよ。
_____

Ⓑ 近くはないけど、行く価値はありますよ。
_____

Ⓒ 最高ではないけれども、その金額の価値はありますよ。
_____

* worth the work「その努力に相応の価値がある」

<正解は p.50 で確認しよう>

Unit 6 職探し
Looking for a Job

▶ Input A 聴き取り

穴埋めディクテーション！

1. CDのナチュラル音声でダイアローグを聴き、穴埋めしよう／●1-22
2. 難しいときは、CDのスロー・ナチュラル音声で穴埋めしよう／●1-23

F That's a nice _____! What's the occasion?

M I just _____ _____ _____ _____ _____ _____ downtown. It's my third interview _____ _____ _____ three weeks.

F That's great! You're an IT guy, _____? _____ _____ _____ _____?

M I think it _____ _____ well. The salary they are offering is _____ _____ _____ _____ _____ expected, but they have great health insurance and benefits.

F _____ kind of company _____ _____?

M It's a huge law firm. They have offices all over the world. I _____ _____ _____ for maintaining their global network.

F Well good luck. I hope you _____ _____ _____. When will you know?

M They said the board would make a decision sometime this week. I'm keeping my fingers crossed.

➡️ Input B　聴き取り＋理解

センテンスごとに穴埋めの答えをチェック！

1. CDのナチュラル音声で解答をチェック＋英語に耳慣らししよう／🔊 1-22
2. 難しいときは、CDのスロー・ナチュラル音声で確認しよう／🔊 1-23
3. 日本語訳＋［文法］・［語い］・［発音］で理解を深めよう

F That's a nice **suit**!　What's the occasion?

それいいスーツね！　なにか特別なことがあるの？

📖 occasion「行事；出来事」

👄 suit の [t] 音は弱まったり脱落したりしやすい。

M I just **got out of a job interview** downtown. It's my third interview **in the last** three weeks.

ダウンタウンで仕事の面接を終えて出てきたところなんだ。この３週間で、３回目の面接なんだよ。

📖 job interview「就職面接」　downtown「繁華街で；街の中心部で」

👄 got out of a は連結して［ガッダ［ラ］ウダ［ラ］ヴ］と発話。２カ所の [t] 音は弾音化している。interview からは [t] 音が脱落。in the では [n] + [ð] 部分が [n] 音に変化。

F That's great!　You're an IT guy, **right**? **How did it go**?

すばらしいわ！　あなたは、IT 関係の仕事よね？　どうだったの？

📖 IT guy「IT 関係の仕事をしている人」

👄 right, it 末尾の [t] 音は脱落。How did は短縮形 How'd の発音になっている。

M I think it **went pretty** well. The salary they are offering is **a bit lower than I** expected, but they have great health insurance and benefits.

かなりうまくいったと思うよ。企業が提供しているサラリーは予想よりも少し低いけど、すばらしい健康保険や福利厚生があるんだよ。

🔖 the salary they are offering「彼らが提供しているサラリー」they are 以降は関係代名詞節。 a bit lower than ...「...よりも少し低い；少ない」lower は形容詞の比較級。

📖 expect「期待する；予測する」　health insurance「健康保険」　benefits「（会社を通じて受ける）保険や各種の給付、手当全般」

- 🔊 went, bit 末尾の [t] 音は脱落。pretty の [t] 音が弾音化する。than I は連結し [ザナイ] と発話。

F **What** kind of company **is it**?

どんな会社なの？

- 📖 what kind of ... 「どんな種類の…」
- 🔊 What, it の [t] 音は脱落しやすい。is it は連結。

M It's a huge law firm. They have offices all over the world. I **would be responsible** for maintaining their global network.

すごく大きな法律事務所だよ。世界中に事務所があるんだ。僕はグローバル・ネットワークを維持管理する責任をもつことになるだろうね。

- ✏️ would ... 「(たぶん) …だろう」可能性や推量を表す。
- 📖 huge「巨大な」　law firm「法律事務所」　all over the world「世界中に」
  be responsible for ...「…の責任をもつ」
- 🔊 would be では [d] 音が脱落し [ウッ＿ビー] と発音される。

F Well good luck. I hope you **get the position**. When will you know?

へえ、幸運を祈るわ。その役職がもらえるといいわね。いつわかるの？

- ✏️ I hope (that) ... 「私は…ということを期待しています」that 以降は名詞節。
- 📖 Good luck.「幸運を」　position「地位；役職」
- 🔊 get the では [t] 音が脱落。[ゲッ　ザ] と発話。

M They said the board would make a decision sometime this week. I'm keeping my fingers crossed.

今週のどこかで、取締役会が決定を下すだろうって言ってたよ。自分でも、ずっとうまくいくことを祈ってるんだ。

- ✏️ They said (that) ...「…だと言っていた」that ... 以降は名詞節。I'm keeping my fingers crossed. は SVOC の文型。fingers＝crossed の関係になっている。
- 📖 the board (of directors)「取締役会」　make a decision「決断を下す」
  keep one's fingers crossed「幸運を祈る」

Unit 6 職探し

◀ Output A しゃべる
リピーティング・シャドーイング・音読しよう！

1. CDのスロー・ナチュラル音声に続いてパートごとにリピーティングしよう／●1-24
2. CDのスロー・ナチュラル音声に合わせて、全体を通してシャドーイングしよう／●1-23
3. CDのナチュラル音声に合わせて、全体を通してシャドーイングしよう／●1-22
4. 音読トレーニングでさらに英語を定着させよう

F That's a nice **suit**! What's the occasion?

M I just **got out of a job interview** downtown. It's my third interview **in the last** three weeks.

F That's great! You're an IT guy, **right**? **How did it go**?

M I think it **went pretty** well. The salary they are offering is **a bit lower than I** expected, but they have great health insurance and benefits.

F **What** kind of company **is it**?

M It's a huge law firm. They have offices all over the world. **I would be responsible** for maintaining their global network.

F Well good luck. I hope you **get the position**. When will you know?

M They said the board would make a decision sometime this week. I'm keeping my fingers crossed.

◎ 全文訳 ◎

F それいいスーツね！ なにか特別なことがあるの？

M ダウンタウンで仕事の面接を終えて出てきたところなんだ。この3週間で、3回目の面接なんだよ。

F すばらしいわ！ あなたは、IT関係の仕事よね？ どうだったの？

M かなりうまくいったと思うよ。企業が提供しているサラリーは予想よりも少し低いけど、すばらしい健康保険や福利厚生があるんだよ。

F どんな会社なの？

M すごく大きな法律事務所だよ。世界中に事務所があるんだ。僕はグローバル・ネットワークを維持管理する責任をもつことになるだろうね。

F へえ、幸運を祈るわ。その役職がもらえるといいわね。いつわかるの？

M 今週のどこかで、取締役会が決定を下すだろうって言ってたよ。自分でも、ずっとうまくいくことを祈ってるんだ。

Output B 集中して書く

日本語と英語の一部をヒントに、全文を書いてみよう！

1. これまでに学習したダイアローグの空欄部分を書いてみよう
2. **Output A** を見ながら解答を確認しよう
3. 解けなかった部分は **Input B** に戻って再学習しよう

F それいいスーツね！ なにか特別なことがあるの？

That's a nice suit! _____?

M ダウンタウンで仕事の面接を終えて出てきたところなんだ。この3週間で、3回目の面接なんだよ。

_____ a job interview downtown. It's my third interview ___ _____.

F すばらしいわ！ あなたは、IT関係の仕事よね？ どうだったの？

That's great! You're an IT guy, right? _____?

M かなりうまくいったと思うよ。企業が提供しているサラリーは予想よりも少し低いけど、すばらしい健康保険や福利厚生があるんだよ。

I think it went pretty well. The salary _____ a bit lower _____, but they have great _____ _____.

F どんな会社なの？

_____ company is it?

M すごく大きな法律事務所だよ。世界中に事務所があるんだ。僕はグローバル・ネットワークを維持管理する責任をもつことになるだろうね。

It's a huge law firm. They have offices all over the world. _____ _____ maintaining their global network.

F へえ、幸運を祈るわ。その役職がもらえるといいわね。いつわかるの？

Well good luck. _____ the position. _____ _____?

M 今週のどこかで、取締役会が決定を下すだろうって言ってたよ。自分でも、ずっとうまくいくことを祈ってるんだ。

They said the board would _____ sometime this week. _____ crossed.

Unit 6 職探し 47

Output C もっとしゃべる・書く

類似の英作文にトライ！

1. ダイアローグに登場したフレーズを利用して、英作文しよう
2. 「正解をチェック！」のページで答えを確認し、間違った問題に再チャレンジしよう
3. 難しい場合は、**Input B** の波線の文を参照して再学習しよう
4. CD音声だけを聞きながら、英作文やシャドーイングにチャレンジしよう／● 1-25

[1] ダウンタウンで仕事の面接を終えて出てきたところです。
I just got out of a job interview downtown.

Ⓐ ちょうど期末試験を終えたところです。
_____

Ⓑ ちょうど家を出たところです。
_____

Ⓒ ちょうど数分前に彼との電話を切ったところです。
_____

＊ 住んでいるのが一戸建てでも、アパートでも、leave the house を使う。
　get off the phone 「電話を切る」

[2] 企業が提供しているサラリーは予想したよりも少し低いんです。
The salary they are offering **is a bit** low**er than I expected**.

Ⓐ 天気は予想よりもちょっといいですね。
_____

Ⓑ この仕事は、私の予想よりもちょっと難しいです。
_____

Ⓒ 私のアパートは予想していたよりもちょっと狭いんです。
_____

[3] その役職がもらえることを祈ってます。
I hope you get the position.

Ⓐ よい旅行になることを祈ってます。
_____

Ⓑ 彼らがハネムーンを楽しめることを祈っています。
_____

Ⓒ いつか自分たちの家を買えることを願っています。
_____

<正解は p.50 で確認しよう>

Answer Keys for Output C (Unit 1-6)
アウトプット C の正解をチェック！

Unit 1

[1] Ⓐ If you can make it you should call me.
　　Ⓑ If you can make it you should bring your wife.
　　Ⓒ If you can make it you should plan to stay the night.

[2] Ⓐ That's what I heard on the radio.
　　Ⓑ That's what I saw on the news before I left the house.
　　Ⓒ That's what I read in the newspaper on the train this morning.

[3] Ⓐ It's the perfect place to have a birthday party.
　　Ⓑ It's the perfect place to raise a family.
　　Ⓒ It's the perfect place to go camping.

Unit 2

[1] Ⓐ Will you be talking to Jim this week?
　　Ⓑ Will you be staying with friends or at a hotel?
　　Ⓒ Will you be checking out tomorrow morning?

[2] Ⓐ I'm sorry sir, but we don't accept credit cards.
　　Ⓑ I'm sorry sir, but we don't allow smoking here.
　　Ⓒ I'm sorry ma'am, but we don't have that dress in stock.

[3] Ⓐ I don't have any cigarettes on me.
　　Ⓑ I don't have my driver's license on me right now.
　　Ⓒ Do you have a lighter on you?

Unit 3

[1] Ⓐ I need to ask for your advice.
　　Ⓑ I need to ask for your cooperation.
　　Ⓒ I need to ask for a short-term loan.

[2] Ⓐ Do you have any money left or did you spend it all?
　　Ⓑ Do you have any apple pie left or is it all gone?
　　Ⓒ Do you have any concert tickets left or are they sold out?

[3] Ⓐ How does going to a movie sound?
　　Ⓑ How does steak sound for dinner tonight?
　　Ⓒ How does going bowling or singing karaoke sound?

Answer Keys for Output C (Unit 1-6)

Unit 4

[1] **A** I'm just about to leave the office.
  B I was just about to call you.
  C We're just about to have dinner.

[2] **A** He's always wanted to live in Japan.
  B She's always wanted to have kids.
  C I've always wanted to buy a Cadillac.

[3] **A** I would love to work from home.
  B I would love to learn another language.
  C I would love to get a new car sometime soon.

Unit 5

[1] **A** I'm thinking about going skiing this Saturday.
  B She's thinking about buying a new laptop.
  C We're thinking about starting our own business next year.

[2] **A** Have you ever traveled overseas?
  B Have you ever tried blowfish?
  C Have you ever used Skype?

[3] **A** It's not easy, but it's worth the work.
  B It's not close by, but it's worth the trip.
  C It's not the best, but it's worth the money.

Unit 6

[1] **A** I just finished my final exams.
  B I just left the house.
  C I just got off the phone with him a few minutes ago.

[2] **A** The weather is a bit better than I expected.
  B This job is a bit harder than I expected.
  C My apartment is a bit smaller than I expected.

[3] **A** I hope you have a good trip.
  B I hope they enjoy their honeymoon.
  C I hope we can buy our own house someday.

Unit 7 道順を教える
Giving Directions

➡ Input A 聴き取り

穴埋めディクテーション！

1. CDのナチュラル音声でダイアローグを聴き、穴埋めしよう／● 1-26
2. 難しいときは、CDのスロー・ナチュラル音声で穴埋めしよう／● 1-27

M Excuse me, _____ _____ _____ be kind enough to tell me _____ _____ _____ _____ _____ nearest subway station?

F Sure. Do you see _____ tall building _____ _____ _____ there with the flag on top? There's a subway station _____ _____ the street.

M Thanks, I really _____ _____. I'm in town from Chicago for a convention at the Buckhead Hilton. _____ _____ _____ give a speech _____ _____ _____ _____ I'm running late.

F Oh! _____ _____ _____! I'm on my way there too. _____ _____ _____ _____ share a taxi? _____ _____ _____ much faster.

M That's great. Thank you! Are you presenting at the convention as well?

F No, _____ _____ company has a booth there to promote our services. Today is _____ _____ _____ the booth.

Input B 聴き取り＋理解

センテンスごとに穴埋めの答えをチェック！

1. CDのナチュラル音声で解答をチェック＋英語に耳慣らししよう／●1-26
2. 難しいときは、CDのスロー・ナチュラル音声で確認しよう／●1-27
3. 日本語訳＋［文法］・［語い］・［発音］で理解を深めよう

Ⓜ Excuse me, **but would you** be kind enough to tell me **how to get to the** nearest subway station?

すみませんが、いちばん近い地下鉄の駅への行き方を教えていただくことはできますでしょうか？

- 📗 be kind enough to ...「…してくれるほど十分に親切だ」不定詞の副詞的用法。 how to get to ...「…へ到着する（ための）方法」不定詞の形容詞的用法。
- 📘 Excuse me, but ...「すみませんが…」 subway「地下鉄」
- 👄 but, get 末尾の［t］音が脱落。would you は連結部［d］＋［j］の部分が、［ジュ］に近い音に変化。how to の［t］音は弾音化している。

🅕 Sure. Do you see **that** tall building **down the street** there with the flag on top? There's a subway station **right across** the street.

もちろん、いいですよ。そこの通りを進んだところの、旗がてっぺんについているあの高いビルが見えますか？ ちょうど通りを渡ったところに地下鉄の駅がありますよ。

- 📗 with the flag on top「てっぺんに旗がついている」with ... は付帯状況を表す。
- 📘 down the street「通りを進んだところの」
- 👄 that の末尾から［t］音が脱落。down the では［n］＋［ð］が［n］音に変化。right across では、連結部で［t］音の弾音化が生じている。

Ⓜ Thanks, I really **appreciate it**. I'm in town from Chicago for a convention at the Buckhead Hilton. **I'm supposed to** give a speech **in an hour and** I'm running late.

どうも、ほんとうに助かりました。バックヘッド・ヒルトンのコンベンションのためにシカゴから街にやってきているんです。1時間後にスピーチをすることになっていて、遅れているんですよ。

- 📗 appreciate「感謝する」 in town「街に」 convention「コンベンション；集会」
  be supposed to ...「…することになっている」
  be running late「予定より遅れている；予定に遅れそうだ」
- 👄 appreciate it は連結部が弾音化、さらに it 末尾の［t］音が脱落。I'm は弱まって［ァム］のように発話。supposed の［d］音は脱落。in an hour の3語は連結。

52

F Oh! **What a coincidence**! I'm on my way there too. **Why don't we just** share a taxi? **That would be** much faster.

まあ！ なんて偶然なんでしょう！ 私もそこへ行く途中なんですよ。単純に、いっしょにタクシーに乗るのはどうでしょう？ そのほうがずっと速いですよ。

- What a coincidence!「なんて偶然なのでしょう！」感嘆文。
- on one's way to ...「…へ行く途中で」 Why don't we just ...?「単純にいっしょに…するのはどうですか？」ネイティヴは「単純に…すればかんたんですが、どうですか？」といったニュアンスで使う。
  share「分かち合う；共有する」
- What a の連結部では [t] 音が弾音化。don't, That, would 末尾の破裂音が脱落している。

M That's great. Thank you! Are you presenting at the convention as well?

それはいいですね。どうも、ありがとうございます！ あなたもコンベンションで発表なさるんですか？

- Are you presenting ...?「プレゼンを行う予定ですか？」近い未来を表す現在進行形。
- present「プレゼンテーションを行う」 as well「同様に」

F No, **but my** company has a booth there to promote our services. Today is **my day to work** the booth.

いいえ、でも、サービス・プロモーションのために、会社が会場にブースを出しているんです。今日は私がブースの当番なんです。

- my day to work the booth「私がブースの当番をする日」不定詞の形容詞的用法。
- booth「(展示場などの) ブース」 promote「(商品などを) 宣伝販売する」
- but の [t] 音は脱落、to の [t] 音が弾音化している。

Output A　しゃべる
リピーティング・シャドーイング・音読しよう！

1. CDのスロー・ナチュラル音声に続いてパートごとにリピーティングしよう／● 1-28
2. CDのスロー・ナチュラル音声に合わせて、全体を通してシャドーイングしよう／● 1-27
3. CDのナチュラル音声に合わせて、全体を通してシャドーイングしよう／● 1-26
4. 音読トレーニングでさらに英語を定着させよう

M Excuse me, **but would you** be kind enough to tell me **how to get to the** nearest subway station?

F Sure. Do you see **that** tall building **down the street** there with the flag on top? There's a subway station **right across** the street.

M Thanks, I really **appreciate it**. I'm in town from Chicago for a convention at the Buckhead Hilton. **I'm supposed to** give a speech **in an hour and** I'm running late.

F Oh! **What a coincidence**! I'm on my way there too. **Why don't we just** share a taxi? **That would be** much faster.

M That's great. Thank you! Are you presenting at the convention as well?

F No, **but my** company has a booth there to promote our services. Today is **my day to work** the booth.

◎ 全文訳 ◎

M すみませんが、いちばん近い地下鉄の駅への行き方を教えていただくことはできますでしょうか？

F もちろん、いいですよ。そこの通りを進んだところの、旗がてっぺんについているあの高いビルが見えますか？ ちょうど通りを渡ったところに地下鉄の駅がありますよ。

M どうも、ほんとうに助かりました。バックヘッド・ヒルトンのコンベンションのためにシカゴから街にやってきているんです。1時間後にスピーチをすることになっていて、遅れているんですよ。

F まあ！ なんて偶然なんでしょう！ 私もそこへ行く途中なんですよ。単純に、いっしょにタクシーに乗るのはどうでしょう？ そのほうがずっと速いですよ。

M それはいいですね。どうも、ありがとうございます！ あなたもコンベンションで発表なさるんですか？

F いいえ、でも、サービス・プロモーションのために、会社が会場にブースを出しているんです。今日は私がブースの当番なんです。

Output B 集中して書く

日本語と英語の一部をヒントに、全文を書いてみよう！

1. これまでに学習したダイアローグの空欄部分を書いてみよう
2. Output A を見ながら解答を確認しよう
3. 解けなかった部分は Input B に戻って再学習しよう

M すみませんが、いちばん近い地下鉄の駅への行き方を教えていただくことはできますでしょうか？

_____, but would you _____ to tell me _____ the nearest subway station?

F もちろん、いいですよ。そこの通りを進んだところの、旗がてっぺんについているあの高いビルが見えますか？ ちょうど通りを渡ったところに地下鉄の駅がありますよ。

Sure. Do you see that tall building _____ with the flag on top? There's a subway station _____.

M どうも、ほんとうに助かりました。バックヘッド・ヒルトンのコンベンションのためにシカゴから街にやってきているんです。1時間後にスピーチをすることになっていて、遅れているんですよ。

Thanks, _____. I'm in town from Chicago for a convention at the Buckhead Hilton. _____ a speech in an hour and _____.

F まあ！ なんて偶然なんでしょう！ 私もそこへ行く途中なんですよ。単純に、いっしょにタクシーに乗るのはどうでしょう？ そのほうがずっと速いですよ。

Oh! _____! I'm on my way there too. _____ share a taxi? That would _____.

M それはいいですね。どうも、ありがとうございます！ あなたもコンベンションで発表なさるんですか？

That's great. Thank you! _____ the convention as well?

F いいえ、でも、サービス・プロモーションのために、会社が会場にブースを出しているんです。今日は私がブースの当番なんです。

No, but my company has a booth there to promote our services. _____ _____ the booth.

Unit 7 道順を教える　55

Output C もっとしゃべる・書く

類似の英作文にトライ！

1. ダイアローグに登場したフレーズを利用して、英作文しよう
2. 「正解をチェック！」のページで答えを確認し、間違った問題に再チャレンジしよう
3. 難しい場合は、**Input B** の波線の文を参照して再学習しよう
4. CD音声だけを聞きながら、英作文やシャドーイングにチャレンジしよう／● 1-29

[1] すみませんが、いちばん近い地下鉄の駅への行き方を教えていただくことはできますでしょうか？
Excuse me, but would you be kind enough to tell me how to get to the nearest subway station?

Ⓐ すみませんが、これを手伝っていただけますか？
_____

Ⓑ すみませんが、席を詰めていただけますか？
_____

Ⓒ すみませんが、そのテレビの音を小さくしてもらえますか？
_____

＊ move over「席を詰める；詰めて場所を空ける」　turn down「音を小さくする」

[2] 1時間後にスピーチを行うことになっているんです。
I'm supposed to give a speech in an hour.

Ⓐ 10分後に出ることになっているんです。
_____

Ⓑ 今夜は、友人たちと夕食に行くことになっているんです。
_____

Ⓒ 今度の金曜日は休暇を取ることになっているんです。
_____

[3] 単純に、いっしょにタクシーに乗るのはどうでしょう？
Why don't we just share a taxi?

Ⓐ 今夜、外食するのはどう？
_____

Ⓑ 20分休憩しましょうか？
_____

Ⓒ 通りを下ったところに開店した新しいレストランを試してみるのはどう？
_____

＜正解は p.87 で確認しよう＞

Unit 8　相手の回復を祈る
Hoping Someone Feels Better

➡ Input A　聴き取り

穴埋めディクテーション！

☞ 1. CDのナチュラル音声でダイアローグを聴き、穴埋めしよう／●1-30
　 2. 難しいときは、CDのスロー・ナチュラル音声で穴埋めしよう／●1-31

F　You _____ look so good. Are you not feeling well?

M　I think I'm _____ _____ _____ _____ flu that's going around. I don't have a fever or anything. I just can't stop coughing.

F　You look like you _____ _____ _____ _____. My fiancé had the flu last month and he was down for almost a week.

M　If it _____ _____ _____ _____ by Monday, I'm going to see the doctor.

F　I _____ _____ _____ I were you. You probably need some _____ to help.

M　I guess you're right. I _____ _____ _____ _____ _____ else here at the office sick. I'll make an _____ for tomorrow.

F　If you need me to help with anything while you're gone just let me know.

M　Thanks. I really _____ _____.

▶ Input B　聴き取り＋理解

センテンスごとに穴埋めの答えをチェック！

1. CDのナチュラル音声で解答をチェック＋英語に耳慣らししよう／ 1-30
2. 難しいときは、CDのスロー・ナチュラル音声で確認しよう／ 1-31
3. 日本語訳＋［文法］・［語い］・［発音］で理解を深めよう

F You **don't** look so good. Are you not feeling well?

あまり元気じゃなさそうね。具合でも悪いの？

● don't look good「具合がよくなさそうだ」この look は SVC の文型を構成している。

● don't 末尾の [t] 音が脱落している。

M I think I'm **coming down with that** flu that's going around. I don't have a fever or anything. I just can't stop coughing.

流行しているインフルエンザにかかりかけているんだと思う。熱とかは、なにもないんだけどね。ただ咳が止まらないんだよ。

● that flu that's going around「流行しているあのインフルエンザ」この that は関係代名詞の主格。stop coughing「咳を止められない」coughing は動名詞。

● come down with ...「（病気に）かかる」 flu「インフルエンザ；流感」 go around「流行する」

● coming 末尾の破裂音 [g] が脱落。with that では [ð] 音の連続で片方が脱落。

F You look like you **haven't slept a wink**. My fiancé had the flu last month and he was down for almost a week.

一睡もしなかったみたいに見えるわ。私の婚約者は先月インフルエンザにかかって、ほぼ 1 週間ダウンしてたの。

● look like ...「…のように見える」この like は接続詞。

● not sleep a wink「一睡もしない」 down「寝込んで」

● haven't の [t] 音が脱落。slept a では音が連結している。

M If it **doesn't get any better** by Monday, I'm going to see the doctor.

月曜までに少しもよくならなかったら、医者に行くつもりなんだ。

- If A, B.「A ならば B」if は仮定・場合を表す。
- get better「さらによくなる」 see a doctor「医者のところに行く」
- doesn't の [t] 音が脱落。get any の連結部と better で [t] 音が弾音化している。

F I **wouldn't wait if** I were you. You probably need some **antibiotics** to help.

私だったら、待たないわ。治すにはおそらく抗生物質が必要よ。

- I wouldn't wait if I were you.「私があなただったら、待つことはしないだろう」仮定法過去の表現。
- antibiotics「抗生物質」 help「(症状を薬などが) 治す；和らげる」
- wouldn't, antibiotics から [t] 音が脱落。wait if では連結部で [t] 音が弾音化。

M I guess you're right. I **don't want to get anyone** else here at the office sick. I'll make an **appointment** for tomorrow.

たぶん、そうだよね。このオフィスのほかのだれにも病気になってほしくはないなあ。明日の予約を入れてみるよ。

- I guess (that) ...「たぶん…なのだろう」that ... 以降は名詞節。 get ... sick「…を病気にさせる」sick は補語。
- appointment「(病院などの) 予約」
- don't, appointment から [t] 音が脱落。 want to は [ワナ] と変化している。get anyone は連結部で [t] 音が弾音化。

F If you need me to help with anything while you're gone just let me know.

あなたがいない間に、なにか私に手伝ってほしいことがあれば、教えてね。

- while ...「 の間に」時間を表す接続詞。
  let me know「私に知らせて」let は使役動詞。know は原形不定詞。
- be gone「(外出などで) いない」

M Thanks. I really **appreciate that**.

ありがとう。ほんとうに助かるよ。

- appreciate「ありがたく思う；感謝する」
- appreciate 末尾の [t] 音が脱落している。

Unit 8 相手の回復を祈る

⬅ Output A しゃべる
リピーティング・シャドーイング・音読しよう!

1. CDのスロー・ナチュラル音声に続いてパートごとにリピーティングしよう／🔘1-32
2. CDのスロー・ナチュラル音声に合わせて、全体を通してシャドーイングしよう／🔘1-31
3. CDのナチュラル音声に合わせて、全体を通してシャドーイングしよう／🔘1-30
4. 音読トレーニングでさらに英語を定着させよう

F You **don't** look so good. Are you not feeling well?

M I think I'm **coming down with that** flu that's going around. I don't have a fever or anything. I just can't stop coughing.

F You look like you **haven't slept a wink**. My fiancé had the flu last month and he was down for almost a week.

M If it **doesn't get any better** by Monday, I'm going to see the doctor.

F I **wouldn't wait if** I were you. You probably need some **antibiotics** to help.

M I guess you're right. I **don't want to get anyone** else here at the office sick. I'll make an **appointment** for tomorrow.

F If you need me to help with anything while you're gone just let me know.

M Thanks. I really **appreciate that**.

◎ 全文訳 ◎

F あまり元気じゃなさそうね。具合でも悪いの?

M 流行しているインフルエンザにかかりかけているんだと思う。熱とかは、なにもないんだけどね。ただ咳が止まらないんだよ。

F 一睡もしなかったみたいに見えるわ。私の婚約者は先月インフルエンザにかかって、ほぼ1週間ダウンしてたの。

M 月曜までに少しもよくならなかったら、医者に行くつもりなんだ。

F 私だったら、待たないわ。治すにはおそらく抗生物質が必要よ。

M たぶん、そうだよね。このオフィスのほかのだれにも病気になってほしくはないなあ。明日の予約を入れてみるよ。

F あなたがいない間に、なにか私に手伝ってほしいことがあれば、教えてね。

M ありがとう。ほんとうに助かるよ。

Output B 集中して書く

日本語と英語の一部をヒントに、全文を書いてみよう！

1. これまでに学習したダイアローグの空欄部分を書いてみよう
2. Output A を見ながら解答を確認しよう
3. 解けなかった部分は Input B に戻って再学習しよう

F あまり元気じゃなさそうね。具合でも悪いの？
_____. Are you not feeling well?

M 流行しているインフルエンザにかかりかけているんだと思う。熱とかは、なにもないんだけどね。ただ咳が止まらないんだよ。
I think _____ that flu _____
_____. I don't have a fever or anything. I just _____.

F 一睡もしなかったみたいに見えるわ。私の婚約者は先月インフルエンザにかかって、ほぼ1週間ダウンしてたの。
You look like _____. My fiancé had the flu last month and _____ for almost a week.

M 月曜までに少しもよくならなかったら、医者に行くつもりなんだ。
If it _____ by Monday, _____ the doctor.

F 私だったら、待たないわ。治すにはおそらく抗生物質が必要よ。
_____ if I were you. You probably need _____
_____.

M たぶん、そうだよね。このオフィスのほかのだれにも病気になってほしくはないなあ。明日の予約を入れてみるよ。
I guess you're right. I _____ anyone else here at the office sick. _____ for tomorrow.

F あなたがいない間に、なにか私に手伝ってほしいことがあれば、教えてね。
If you need me to help with anything _____ just let me know.

M ありがとう。ほんとうに助かるよ。
Thanks. I really appreciate that.

Unit 8 相手の回復を祈る

Output C もっとしゃべる・書く

類似の英作文にトライ！

1. ダイアローグに登場したフレーズを利用して、英作文しよう
2. 「正解をチェック！」のページで答えを確認し、間違った問題に再チャレンジしよう
3. 難しい場合は、**Input B** の波線の文を参照して再学習しよう
4. CD音声だけを聞きながら、英作文やシャドーイングにチャレンジしよう／ 1-33

[1] あなたは、一睡もしなかったみたいに見えますね。
You look like you haven't slept a wink.

Ⓐ 疲れているように見えますね。
_____

Ⓑ 気分がよくないように見えますね。
_____

Ⓒ やせたように見えますね。
_____

[2] 月曜までに少しもよくならなかったら、医者に行くつもりです。
If it doesn't get any better by Monday, **I'm going to** see the doctor.

Ⓐ 明日雨が降らなければ、ゴルフをするつもりです。
_____

Ⓑ あまりお金がかからなければ、年末年始休暇にニューヨークへ行くつもりです。
_____

Ⓒ それがちゃんと動かなければ、店に返品しますよ。
_____

＊ New Year's「年末年始休暇；正月休み」

[3] 私だったら、待ちません。
I wouldn't wait **if I were** you.

Ⓐ 私だったら、そうはしません。
_____

Ⓑ 私なら、それは食べません。
_____

Ⓒ 私だったら、彼女にほんとうのことは言いません。
_____

＜正解は p.87 で確認しよう＞

Unit 9

ディナーには戻れない
Won't Be Home for Dinner

➡ Input A 聴き取り

穴埋めディクテーション！

1. CDのナチュラル音声でダイアローグを聴き、穴埋めしよう／● 1-34
2. 難しいときは、CDのスロー・ナチュラル音声で穴埋めしよう／● 1-35

M I'm _____ _____ _____ working _____ _____ _____ late tonight dear.

F Again?! That's the third time this week. You really _____ _____ take a day off.

M I would _____ _____ _____, _____ we have to get this project done by next week.

F I was _____ _____ make a roast for dinner. When do you think you'll be home?

M I'm not sure _____ _____ _____ _____. I'll just grab something at work.

F I guess we can have the roast this weekend.

M I'm really sorry hon. _____ _____ _____ _____ to you. I promise. Maybe next week I can take a day off and we can do something special.

F That's _____ _____ _____ last week. I'm _____ _____ _____ _____ to it this time.

Unit 9 ディナーには戻れない 63

Input B 聴き取り＋理解

センテンスごとに穴埋めの答えをチェック！

1. CDのナチュラル音声で解答をチェック＋英語に耳慣らししよう／●1-34
2. 難しいときは、CDのスロー・ナチュラル音声で確認しよう／●1-35
3. 日本語訳＋［文法］・［語い］・［発音］で理解を深めよう

M I'm **going to be** working **at the office** late tonight dear.

今夜はオフィスで遅くまで働くことになるんだよ、ハニー。

- be going to be -ing = be going to ... 「…する予定だ」
- work late「遅くまで働く」 dear「愛しい人」恋人、家族への愛情のこもった呼びかけ。
- going, at で破裂音が脱落。to の [t] 音は弾音化している。

F Again?! That's the third time this week. You really **ought to** take a day off.

またなの？ 今週 3 度目よね。あなた、ほんとうにお休みを取るべきよ。

- ought to ...「…すべきだ」義務や忠告を表す表現。
- take a day off「休暇を取る」
- ought 末尾の [t] 音は脱落。

M I would **if I could, but** we have to get this project done by next week.

できるなら、そうするけど、このプロジェクトを来週までに終えなければならないんだよ。

- I would if I could.「できるのならば、そうする」仮定法過去の表現。 have to ...「…しなければならない」義務や必要を表す。
- get this project done「このプロジェクトを終わらせる」
- could, but 末尾の破裂音が脱落。

F I was **going to** make a roast for dinner. When do you think you'll be home?

お肉のローストを作ろうと思っていたのよ。いつ家に帰れると思う？

64

- When do you think you'll be home. は When will you be home? + do you think がひとつの文になった間接疑問の表現。
- roast「肉のロースト」
- going to は大きく変化し [ゴナ] と発話。

(M) I'm not sure when I'll get done. I'll just grab something at work.

いつ終えられるかよくわからないんだよ。職場でなにか、さっと食べるからさ。

- when I'll get done「いつ終えられるか」名詞節。
- sure「確かだ」 get done「済ませる」 grab「さっと食べる・飲む」
- when I'll は連結し [ウェナイゥ] と発話。get の [t] 音は脱落。

(F) I guess we can have the roast this weekend.

ローストはこの週末にしてもいいでしょうけどね。

- guess ...「(根拠なく) …だと思う」 can ...「…にしてもよい；…しても差し支えない」
- can have は連結し [キャナヴ] と発話されている。

(M) I'm really sorry hon. I'll make it up to you. I promise. Maybe next week I can take a day off and we can do something special.

ほんとうにごめんよ、ハニー。埋め合わせをするからさ。約束する。たぶん来週は、1日休みを取ってなにか特別なことができるよ。

- something special「なにか特別なこと」special が something を後置修飾している。
- hon = honey make it up to ...「…に押め合わせ・償いをする」
- make it up は連結し [メイキッダ [ラ] ゥプ] と発話。it の [t] 音は弾音化している。

(F) That's what you said last week. I'm going to hold you to it this time.

それはあなたが先週、言ったことじゃないの。今度は約束を守ってもらうわよ。

- what you said「あなたが言ったこと」what は先行詞を含む関係代名詞。
- hold A to B「A に B を守らせる」 this time「今度は；今回は」
- what you は連結部の [t] + [j] の部分で音が混じり合い、[チュ] に近い音に変化。going to は [ゴナ] と発話。hold you は連結部で [d] + [j] の部分で音が混じり合い、[ジュ] に近い音に変化。

Unit 9 ディナーには戻れない 65

◀ Output A しゃべる
リピーティング・シャドーイング・音読しよう！

1. CDのスロー・ナチュラル音声に続いてパートごとにリピーティングしよう／⏺1-36
2. CDのスロー・ナチュラル音声に合わせて、全体を通してシャドーイングしよう／⏺1-35
3. CDのナチュラル音声に合わせて、全体を通してシャドーイングしよう／⏺1-34
4. 音読トレーニングでさらに英語を定着させよう

M I'm **going to be** working **at the office** late tonight dear.

F Again?! That's the third time this week. You really **ought to** take a day off.

M I would **if I could, but** we have to get this project done by next week.

F I was **going to** make a roast for dinner. When do you think you'll be home?

M I'm not sure **when I'll get done**. I'll just grab something at work.

F I guess we can have the roast this weekend.

M I'm really sorry hon. **I'll make it up** to you. I promise. Maybe next week I can take a day off and we can do something special.

F That's **what you said** last week. I'm **going to hold you** to it this time.

○ 全文訳 ○

M 今夜はオフィスで遅くまで働くことになるんだよ、ハニー。

F またなの？ 今週3度目よね。あなた、ほんとうにお休みを取るべきよ。

M できるなら、そうするけど、このプロジェクトを来週までに終えなければならないんだよ。

F お肉のローストを作ろうと思っていたのよ。いつ家に帰れると思う？

M いつ終えられるかよくわからないんだよ。職場でなにか、さっと食べるからさ。

F ローストはこの週末にしてもいいでしょうけどね。

M ほんとうにごめんよ、ハニー。埋め合わせをするからさ。約束する。たぶん来週は、1日休みを取ってなにか特別なことができるよ。

F それはあなたが先週、言ったことじゃないの。今度は約束を守ってもらうわよ。

Output B 集中して書く

日本語と英語の一部をヒントに、全文を書いてみよう！

1. これまでに学習したダイアローグの空欄部分を書いてみよう
2. Output A を見ながら解答を確認しよう
3. 解けなかった部分は Input B に戻って再学習しよう

M 今夜はオフィスで遅くまで働くことになるんだよ、ハニー。

_____ at the office late tonight dear.

F またなの？ 今週3度目よね。あなた、ほんとうにお休みを取るべきよ。

Again?! That's the third time this week. _____
a day off.

M できるなら、そうするけど、このプロジェクトを来週までに終えなければならないんだよ。

_____ we have to _____
by next week.

F お肉のローストを作ろうと思っていたのよ。いつ家に帰れると思う？

_____ a roast for dinner. When _____
_____ you'll be home?

M いつ終えられるかよくわからないんだよ。職場でなにか、さっと食べるからさ。

I'm not sure _____. I'll just _____ at work.

F ローストはこの週末にしてもいいでしょうけどね。

_____ the roast this weekend.

M ほんとうにごめんよ、ハニー。埋め合わせをするからさ。約束する。たぶん来週は、1日休みを取ってなにか特別なことができるよ。

I'm really sorry hon. I'll _____ you. I promise. Maybe
next week I _____ and we can do something
special.

F それはあなたが先週、言ったことじゃないの。今度は約束を守ってもらうわよ。

_____ last week. I'm going to _____
____ this time.

Unit 9 ディナーには戻れない 67

Output C もっとしゃべる・書く

類似の英作文にトライ！

1. ダイアローグに登場したフレーズを利用して、英作文しよう
2. 「正解をチェック！」のページで答えを確認し、間違った問題に再チャレンジしよう
3. 難しい場合は、**Input B** の波線の文を参照して再学習しよう
4. CD音声だけを聞きながら、英作文やシャドーイングにチャレンジしよう／●1-37

[1] 今夜はオフィスで遅くまで働くことになるんだ。
I'm going to be work**ing** at the office late tonight.

Ⓐ ヒルトン・タウン・センター・ホテルに泊まる予定です。
_____

Ⓑ 来週はずっと出張に出ている予定なんです。
_____

Ⓒ 今週末は、友達が引っ越すのを手伝う予定なんです。
_____

[2] あなた、ほんとうにお休みを取るべきよ。
You really ought to take a day off.

Ⓐ ほんとうに貯金をしたほうがいいですよ。
_____

Ⓑ ほんとうに病院に行って検診を受けたほうがいいですよ。
_____

Ⓒ 映画館で上映している間に、あの映画を観にいったほうがいいですよ。
_____

＊ physical「健康診断」　be on the big screen「映画館で上映されている」

[3] ローストはこの週末にしてもいいでしょうけどね。
I guess we can have the roast this weekend.

Ⓐ それは、別の機会にやってもいいでしょうね。
_____

Ⓑ 君がそうしたいのなら、今夜は出前を取ってもいいでしょうね。
_____

Ⓒ どこでも好きなところに座ってもいいでしょう。
_____

＊ order in「注文して取り寄せる」　anywhere we want「どこでも望む場所に」

<正解は p.87 で確認しよう>

Unit 10

携帯電話の不満
Cellphone Complaints

➡ Input A 聴き取り

穴埋めディクテーション！

1. CDのナチュラル音声でダイアローグを聴き、穴埋めしよう／ 1-38
2. 難しいときは、CDのスロー・ナチュラル音声で穴埋めしよう／ 1-39

F How come you _____ _____ my text last night?

M Sorry. I _____ _____ _____ _____ this morning. I don't get very good cellphone reception in my new apartment. I've been missing a _____ _____ _____ _____.

F Who is your service provider?

M I use AB&B, _____ _____ _____ _____ changing. They're really expensive and their coverage is terrible!

F You should use Horizon. That's who I have and I _____ happier. I never have dropped calls _____ _____ _____ $50 a month for _____ _____!

M Really?! You're the _____ _____ _____ _____ told me that this week. I _____ need to do something. I think _____ _____ _____ a try.

F _____ _____ _____ is you can pay month-to-month. There's no annual contract or anything.

M Now I'm really sold!

➡️ Input B 聴き取り＋理解

センテンスごとに穴埋めの答えをチェック！

1. CDのナチュラル音声で解答をチェック＋英語に耳慣らししよう／🎧 1-38
2. 難しいときは、CDのスロー・ナチュラル音声で確認しよう／🎧 1-39
3. 日本語訳＋［文法］・［語い］・［発音］で理解を深めよう

F How come you **didn't answer** my text last night?

昨夜はどうして私のショート・メールに返事をくれなかったの？

- how come「どうして；なぜ」疑問を表す。後ろには平叙文の語順が続く。
- text (message)「(携帯電話の) ショート・メール」
- didn't 末尾の破裂音［t］が脱落。

M Sorry. I **didn't get it until** this morning. I don't get very good cellphone reception in my new apartment. I've been missing a **lot of calls lately**.

ごめんよ。今朝まで受け取らなかったんだよ。うちの新しいアパートの中だと、携帯の受信状態が悪くて。最近はたくさん電話を受け損なっているんだ。

- I've been missing「ずっと受け損なっている」現在完了進行形。
- cellphone「携帯電話」 reception「受信状態；受信能力」 miss「逃す」 call「電話」
- didn't の［t］音が脱落。get it, lot of は連結部が弾音化。of の［v］音は脱落。

F Who is your service provider?

サービス・プロバイダはどこなの？

- service provider「(携帯電話の) サービスを提供する業者」

M I use AB&B, **but I'm thinking of** changing. They're really expensive and their coverage is terrible!

AB&Bを使っているんだけど、変えようと思ってるんだ。すごく高くて、おまけに受信エリアがひどいんだよ！

- expensive「高額な；値段が高い」 coverage「(サービスなどの) 普及範囲」ここでは携帯電話の電波の受信範囲を指す。 terrible「ひどい」
- but I'm の連結部で［t］音が弾音化している。

F You should use Horizon. That's who I have and I **couldn't be happier**. I never have dropped calls **and I only pay** $50 a month for **unlimited everything**!

ホライゾンを使うべきよ。私はそこにしてて、最高なの！ 電話を受け損なったことは一度もないし、なんでも無制限に使えて月50ドルだけなのよ！

- should …「…すべき」推奨の表現。 That's who I have「それが私が持っている会社だ」 who は先行詞を含む関係代名詞と考える。
- I couldn't be happier.「より満足することはないだろう」→「最高に満足だ」 a month「ひと月に」 for unlimited everything「なんでも無制限に使い放題で」
- couldn't の [dn] では [d] 音が声門閉鎖音化している。and I は [d] 音が脱落しつつ連結し [エナイ] と発話。unlimited では [t] 音が弾音化。everything 末尾の [g] 音も脱落しやすい。

M Really?! You're the **second person who has** told me that this week. I **certainly** need to do something. I think **I'll give them** a try.

ホントに？！ 今週そう言われたのは、君でふたり目だよ。ほんとうになんとかしなければダメだね。試しにそこを使ってみようかな。

- the second person who …「…の2番目の人」 who … は関係代名詞の主格。
- give … a try「…を試してみる」
- second の [d] 音が脱落。who has は who's と発話。certainly の [t] 音は脱落したり声門閉鎖音化しやすい。give them の them は弱化し [エム] と発話されている。

F **Another good thing** is you can pay month-to-month. There's no annual contract or anything.

もうひとつの利点はね、月極で支払えて、年間契約とかは一切ないのよ。

- there's no …「…がない」 there's … は存在を表す。
- another「もうひとつの」 pay month-to-month「月極で支払う」 annual contract「年間契約」
- good 末尾の [d] 音が脱落。

M Now I'm really sold!

それは、ホントに納得だね！

- be sold「納得させられる」

Unit 10 携帯電話の不満　　71

◀ Output A しゃべる
リピーティング・シャドーイング・音読しよう！

1. CDのスロー・ナチュラル音声に続いてパートごとにリピーティングしよう／●1-40
2. CDのスロー・ナチュラル音声に合わせて、全体を通してシャドーイングしよう／●1-39
3. CDのナチュラル音声に合わせて、全体を通してシャドーイングしよう／●1-38
4. 音読トレーニングでさらに英語を定着させよう

F How come you **didn't answer** my text last night?

M Sorry. I **didn't get it until** this morning. I don't get very good cellphone reception in my new apartment. I've been missing a **lot of calls lately**.

F Who is your service provider?

M I use AB&B, **but I'm thinking of** changing. They're really expensive and their coverage is terrible!

F You should use Horizon. That's who I have and I **couldn't be** happier. I never have dropped calls **and I only pay** $50 a month for **unlimited everything**!

M Really?! You're the **second person who has** told me that this week. I **certainly** need to do something. I think I'll **give them** a try.

F **Another good thing** is you can pay month-to-month. There's no annual contract or anything.

M Now I'm really sold!

◎ 全文訳 ◎

F 昨夜はどうして私のショート・メールに返事をくれなかったの？

M ごめんよ。今朝まで受け取らなかったんだよ。うちの新しいアパートの中だと、携帯の受信状態が悪くて。最近はたくさん電話を受け損なっているんだ。

F サービス・プロバイダはどこなの？

M AB&Bを使っているんだけど、変えようと思ってるんだ。すごく高くて、おまけに受信エリアがひどいんだよ！

F ホライゾンを使うべきよ。私はそこにしてて、最高なの！ 電話を受け損なったことは一度もないし、なんでも無制限に使えて月50ドルだけなのよ。

M ホントに？！ 今週そう言われたのは、君でふたり目だよ。ほんとうになんとかしなければダメだね。試しにそこを使ってみようかな。

F もうひとつの利点はね、月極で支払えて、年間契約とかは一切ないのよ。

M それは、ホントに納得だね！

Output B 集中して書く

日本語と英語の一部をヒントに、全文を書いてみよう！

1. これまでに学習したダイアローグの空欄部分を書いてみよう
2. Output A を見ながら解答を確認しよう
3. 解けなかった部分は Input B に戻って再学習しよう

F 昨夜はどうして私のショート・メールに返事をくれなかったの？
_____ answer my text last night?

M ごめんよ。今朝まで受け取らなかったんだよ。うちの新しいアパートの中だと、携帯の受信状態が悪くて。最近はたくさん電話を受け損なっているんだ。
Sorry. I didn't _____. I don't get very good cellphone reception in my new apartment. _____ of calls lately.

F サービス・プロバイダはどこなの？
_____ your service provider?

M AB&B を使っているんだけど、変えようと思ってるんだ。すごく高くて、おまけに受信エリアがひどいんだよ！
I use AB&B, but _____ changing. They're really expensive and _____!

F ホライゾンを使うべきよ。私はそこにしてて、最高なの！ 電話を受け損なったことは一度もないし、なんでも無制限に使えて月 50 ドルだけなのよ！
_____ Horizon. That's who I have and _____. I never have dropped calls and I only pay $50 a month _____!

M ホントに？！ 今週そう言われたのは、君でふたり目だよ。ほんとうになんとかしなければダメだね。試しにそこを使ってみようかな。
Really?! _____ who has told me that this week. I certainly need to do something. I think _____.

F もうひとつの利点はね、月極で支払えて、年間契約とかは一切ないのよ。
Another good thing is you can pay month-to-month, _____.

M それは、ホントに納得だね！
Now I'm really sold!

Unit 10 携帯電話の不満

Output C もっとしゃべる・書く

類似の英作文にトライ！

1. ダイアローグに登場したフレーズを利用して、英作文しよう
2. 「正解をチェック！」のページで答えを確認し、間違った問題に再チャレンジしよう
3. 難しい場合は、**Input B** の波線の文を参照して再学習しよう
4. CD音声だけを聞きながら、英作文やシャドーイングにチャレンジしよう／ 1-41

[1] どうして昨夜は、私のショート・メールに返事をくれなかったの？
How come you didn't answer my text last night?

Ⓐ どうして、私に電話をかけ直してくれなかったの？
_____

Ⓑ どうして僕に、妊娠していることを言わなかったの？
_____

Ⓒ どうして昨日はマネージャー会議に出席しなかったの？
_____

[2] 今週そう言われたのは、君でふたり目だよ。
You're the second **person who has** told me that this week.

Ⓐ 今月退職するのは、あなたでふたり目です。
_____

Ⓑ チームに参加するのは、あなたでふたり目ですよ。
_____

Ⓒ ウイルスに感染したのは、彼で3人目です。
_____

[3] 試しにその会社を使ってみようかな。
I think I'll give them a try.

Ⓐ 試しにテニスをやってみようかな。
_____

Ⓑ また、タバコをやめてみようと思ってます。
_____

Ⓒ 次の査定のときに、上司に昇給を頼んでみようと思ってます。
_____

＊ try to ... 「試しに…してみる」　evaluation「評価；査定」

<正解は p.88 で確認しよう>

Unit 11 禁煙の方法
How to Stop Smoking

Input A 聴き取り

穴埋めディクテーション!

1. CDのナチュラル音声でダイアローグを聴き、穴埋めしよう／1-42
2. 難しいときは、CDのスロー・ナチュラル音声で穴埋めしよう／1-43

F Your coughing is _____ _____. You really should quit smoking.

M I've been _____ _____ _____ _____. I'm smoking less _____ _____ _____ _____ day now.

F _____ _____ those new _____ cigarettes? _____ _____ help?

M I _____ _____ them myself. _____ _____ know a few people who have. They worked at first, but everybody I know _____ _____ _____ _____ old habits after a few months.

F _____ _____ nicotine gum or patches?

M I can't bring myself to try them. For one thing, they are so darn expensive!

F No price is too high _____ _____ _____ good health. How much do you _____ _____ cigarettes, anyway?

M About seven or eight dollars a day, on average.

F See _____ _____ _____ ?! That's more than $2,000 a year!

Input B 聴き取り＋理解

センテンスごとに穴埋めの答えをチェック！

1. CDのナチュラル音声で解答をチェック＋英語に耳慣らししよう／ 1-42
2. 難しいときは、CDのスロー・ナチュラル音声で確認しよう／ 1-43
3. 日本語訳＋［文法］・［語い］・［発音］で理解を深めよう

F Your coughing is **getting worse**. You really should quit smoking.

咳がひどくなってるわね。あなた、ホントにタバコをやめるべきよ。

- coughing「咳；咳をすること」動名詞。　get worse「悪化する」worse は bad の比較級。
- quit smoking「タバコをやめる」
- getting の [t] 音が弾音化。

M I've been **trying to cut back**. I'm smoking less **than a pack a** day now.

ずっと減らそうとしているんだよ。いまは吸っているのは、1日に1箱以下なんだ。

- have been trying to ...「ずっと…しようとしている」現在完了進行形。　less than ...「…より少なく」less は little の比較級。
- cut back「減らす；削減する」
- trying, cut 末尾の破裂音が脱落。to の [t] 音は弾音化。than a, pack a はそれぞれ連結。

F **What about** those new **electronic** cigarettes? **Would they** help?

あの新しく出た電子タバコはどうなの？ 役に立つかなあ？

- What about ...?「…はどう？」　help「役に立つ」
- What about の連結部で弾音化が生じている。about, Would 末尾の破裂音は脱落。electronic の [tr] では [t] 音が [チュ] に近い音に変化している。

M I **haven't tried** them myself. **But I** know a few people who have. They worked at first, but everybody I know **went back to their** old habits after a few months.

自分では試してないんだ。でも、試した人を少し知っているよ。最初はうまくいったけど、数カ月したら僕の知り合いはみんな古い習慣に戻っちゃったよ。

- haven't tried「（まだ）試したことがない」現在完了形の経験用法。　a few people who have「試した数人の人たち」who は関係代名詞の主格。

- go back to ... 「…に戻る」　old habits「昔の習慣・癖」
- haven't, went 末尾の破裂音が脱落。But I は連結部で [t] 音の弾音化が生じている。

(F) **What about** nicotine gum or patches?

ニコチン・ガムとか、パッチはどう？

- nicotine「ニコチン」　patch「パッチ；絆創膏」
- What about の連結部で弾音化が生じている。about 末尾の破裂音は脱落。

(M) I can't bring myself to try them. For one thing, they are so darn expensive!

試す気にならないんだ。まず、びっくりするほど値段が高いよね！

- bring oneself to ...「…する気になる」　for one thing「ひとつには」
  so darn「ものすごく；とんでもなく」darn は強調。damn の代わりに用いる。　expensive「高価な」

(F) No price is too high **to pay for** good health. How much do you **spend on** cigarettes, anyway?

健康のためには高すぎる支払い額なんていうのはないわ。それはそうと、タバコにはいくら使っているのよ？

- too A to B「B するには A すぎる」too ... to ... の構文。
- good health「健康」　spend A on B「B に A を費やす」　anyway「それはそうと；ともかく」
- to では [t] 音が弾音化。spend on では [d] 音が脱落しながら連結している。

(M) About seven or eight dollars a day, on average.

1 日に 7 ドルか 8 ドルだね、平均して。

- on average「平均で」

(F) See **what I mean**?! That's more than $2,000 a year!

ほら、ごらんなさい。それって、1 年に 2 千ドル以上じゃない！

- what I mean「私が意味していること」what は先行詞を含む関係代名詞。　more than ...「…よりさらに多い」more は much の比較級。
- a year「1 年に」
- what I の連結部で [t] 音が弾音化している。

Unit 11　禁煙の方法　77

◀ Output A しゃべる
リピーティング・シャドーイング・音読しよう！

1. CDのスロー・ナチュラル音声に続いてパートごとにリピーティングしよう／ 1-44
2. CDのスロー・ナチュラル音声に合わせて、全体を通してシャドーイングしよう／ 1-43
3. CDのナチュラル音声に合わせて、全体を通してシャドーイングしよう／ 1-42
4. 音読トレーニングでさらに英語を定着させよう

F Your coughing is **getting worse**. You really should quit smoking.

M I've been **trying to cut back**. I'm smoking less **than a pack a** day now.

F **What about** those new **electronic** cigarettes? **Would they** help?

M I **haven't tried** them myself. **But I** know a few people who have. They worked at first, but everybody I know **went back to their** old habits after a few months.

F **What about** nicotine gum or patches?

M I can't bring myself to try them. For one thing, they are so darn expensive!

F No price is too high **to pay for** good health. How much do you **spend on** cigarettes, anyway?

M About seven or eight dollars a day, on average.

F See **what I mean**?! That's more than $2,000 a year!

◎ 全文訳 ◎

F 咳がひどくなってるわね。あなた、ホントにタバコをやめるべきよ。

M ずっと減らそうとしているんだよ。いまは吸っているのは、1日に1箱以下なんだ。

F あの新しく出た電子タバコはどうなの？ 役に立つかなあ？

M 自分では試してないんだ。でも、試した人を少し知っているよ。最初はうまくいったけど、数カ月したら僕の知り合いはみんな古い習慣に戻っちゃったよ。

F ニコチン・ガムとか、パッチはどう？

M 試す気にならないんだ。まず、びっくりするほど値段が高いよね！

F 健康のためには高すぎる支払い額なんていうのはないわ。それはそうと、タバコにはいくら使っているのよ？

M 1日に7ドルか8ドルだね、平均して。

F ほら、ごらんなさい。それって、1年に2千ドル以上じゃない！

Output B 集中して書く

日本語と英語の一部をヒントに、全文を書いてみよう！

1. これまでに学習したダイアローグの空欄部分を書いてみよう
2. Output A を見ながら解答を確認しよう
3. 解けなかった部分は Input B に戻って再学習しよう

F 咳がひどくなってるわね。あなた、ホントにタバコをやめるべきよ。
Your coughing is getting worse. You _____.

M ずっと減らそうとしているんだよ。いまは吸っているのは、1日に1箱以下なんだ。
I've been _____. I'm smoking _____ _____ now.

F あの新しく出た電子タバコはどうなの？ 役に立つかなあ？
_____ new electronic cigarettes? _____?

M 自分では試してないんだ。でも、試した人を少し知っているよ。最初はうまくいったけど、数カ月したら僕の知り合いはみんな古い習慣に戻っちゃったよ。
I haven't tried them myself. But I know _____.
They worked at first, but everybody I know _____ _____ after a few months.

F ニコチン・ガムとか、パッチはどう？
What about nicotine gum or patches?

M 試す気にならないんだ。まず、びっくりするほど値段が高いよね！
I can't bring _____. _____, they are so darn expensive!

F 健康のためには高すぎる支払い額なんていうのはないわ。それはそうと、タバコにはいくら使っているのよ？
No price is _____ good health. _____ _____ spend on cigarettes, anyway?

M 1日に7ドルか8ドルだね。平均して。
About seven or eight dollars a day, _____.

F ほら、ごらんなさい。 それって、1年に2千ドル以上じゃない！
_____?! That's more than $2,000 a year!

Unit 11 禁煙の方法

Output C もっとしゃべる・書く

類似の英作文にトライ！

1. ダイアローグに登場したフレーズを利用して、英作文しよう
2. 「正解をチェック！」のページで答えを確認し、間違った問題に再チャレンジしよう
3. 難しい場合は、**Input B** の波線の文を参照して再学習しよう
4. CD音声だけを聞きながら、英作文やシャドーイングにチャレンジしよう／ 1-45

[1] ほんとうにタバコをやめるべきですよ。
You really should quit smoking.

Ⓐ ほんとうに彼をデートに誘うべきよ。
_____

Ⓑ ほんとうに職探しを始めるべきだよ。
_____

Ⓒ ジャンク・フードばかり食べるんじゃなくて、ほんとうにもっと健康的なものを食べるようにするべきですよ。
_____

＊ eat healthier「より健康的なものを食べる」

[2] あの新しい電子タバコはどうなの？
What about those new electronic cigarettes?

Ⓐ 今夜、夕食にピザを注文するのはどう？
_____

Ⓑ 今度の金曜に映画に行くのはどうかな？
_____

Ⓒ いつものようにハワイに行く代わりに、今年はヨーロッパに行くのはどう？
_____

[3] それは試してみる気になれないんだ。
I can't bring myself to try them.

Ⓐ 彼女にほんとうのことを話す気になれないんだ。
_____

Ⓑ 自分が悪かったって、認める気にはなれないんだ。
_____

Ⓒ 両親にローンを頼む気にはなれないんだ。
_____

＜正解は p.88 で確認しよう＞

Unit 12 飲み会の誘いを断る
Declining an Invitation for Drinks

▶ Input A 聴き取り

穴埋めディクテーション！

1. CDのナチュラル音声でダイアローグを聴き、穴埋めしよう／⏵1-46
2. 難しいときは、CDのスロー・ナチュラル音声で穴埋めしよう／⏵1-47

M A bunch of us _____ _____ _____ _____ drinks tonight after work. _____ come with us?

F Thanks for the invite, _____ _____ _____ I'll pass tonight. _____ _____ _____ _____ _____ partying tonight.

M Are you okay? _____ _____ _____ you to turn _____ _____ _____ _____ _____!

F Yeah. I'm just exhausted. Between moving last week and this new project _____ _____ working on, it's been crazy. I _____ _____ how tired I was _____ _____ _____ _____ in a meeting an hour ago.

M Well, I hope you _____ _____ _____ rest over the weekend at least.

F Me too. _____ _____ _____ _____ sleep in _____ morning. If I have my way I'm going to stay _____ _____ _____ _____!

➡️ Input B 聴き取り＋理解

センテンスごとに穴埋めの答えをチェック！

1. CDのナチュラル音声で解答をチェック＋英語に耳慣らししよう／🔊 1-46
2. 難しいときは、CDのスロー・ナチュラル音声で確認しよう／🔊 1-47
3. 日本語訳＋［文法］・［語い］・［発音］で理解を深めよう

Ⓜ️ A bunch of us **are going out for** drinks tonight after work. **Why don't you** come with us?

今夜は、僕たちみんなで仕事のあと飲みにいくんだよ。君もいっしょに来たらどう？

📖 a bunch of ...「多くの…；…の一団」　go out for drinks「飲みに出かける」
Why don't you ...?「…してはどう？；…するのはどう？」

👄 out から [t] 音が脱落。don't you の連結部で [t] + [j] の部分で音が混じり合い、[チュ] に近い音に変化する。

Ⓕ Thanks for the invite, **but I think** I'll pass tonight. **I don't really feel like** partying tonight.

ご招待はありがたいけど、今夜はパスするわ。今夜は騒ぐ気分じゃないのよ。

📖 invite「招待；誘い」　pass「パスする；遠慮する」　feel like -ing「…する気分だ」
party「(酒を飲むなどして) 浮かれ騒ぐ；盛り上がる」

👄 but I の連結部で [t] 音の弾音化が生じている。don't は弱化。feel like では重なった [l] 音が脱落。

Ⓜ️ Are you okay? **It's not like** you to turn **down a night of fun**!

大丈夫かい？ 夜の楽しみを断るなんて君らしくないよ！

📖 It's not like you to ...「…することは君らしくない」 to 不定詞が、it の内容を表している。
night of fun「楽しい夜」

👄 it's, not から [t] 音が脱落。down a では 2 語が連結。night of は連結部で [t] 音が弾音化。

Ⓕ Yeah. I'm just exhausted. Between moving last week and this new project **we've been** working on, it's been crazy. I **didn't realize** how tired I was **until I nodded off** in a meeting an hour ago.

そうね。私ヘトヘトなのよ。先週の引っ越しやら、いまやっている新プロジェクトやらで、もう無茶苦茶だったの。1時間前、会議中に居眠りしちゃうまで、自分がどのくらい疲れているか気づかなかったの。

- between A and B「A やら B やらで」複数の原因を表す。 it's been crazy「ずっと滅茶苦茶だった（し、いまも大変だ）」現在完了形の継続用法。 how tired I was「自分がどれほど疲れているか」間接疑問の表現。 until ...「…まで」期限を表す。
- exhausted「ヘトヘトの；疲れ切った」 moving「引っ越し」 crazy「途方もない；滅茶苦茶な」 realize「気づく」 nod off「居眠りする」
- we've been から [v] 音が脱落し［ウィッ＿ビン］と発話。didn't は［ディン＿］と短く発話。nodded off は連結。[d] 音で弾音化も生じている。

(M) Well, I hope you **can get some** rest over the weekend at least.

そうか、少なくとも週末にかけてはちょっと休めるといいね。

- I hope (that) ...「…ということを望んでいる」that 以降は名詞節。
- get some rest「ちょっと休みを取る」 over the weekend「週末を通じて」
- can は弱化し［クン］のように短く発話。

(F) Me too. **I can't wait to** sleep in **Saturday** morning. If I have my way I'm going to stay **in bed all weekend**!

私もそう願ってるわ。土曜日の朝、ゆっくり寝坊するのが待ちきれないわ。自分の好きにできるなら、週末中ずっとベッドに入っているつもりよ。

- can't wait to ...「…することが待ちきれない」不定詞の名詞的用法。
- sleep in「ゆっくり朝寝坊する」 oversleep「うっかり寝坊する」と比較。
  If I have my way, ...「自分の好き勝手ができるなら…」
- can't. wait の「t」音が脱落。Saturday では [t] 音が弾音化している。 bed all の連結部では「d」音が弾音化。

Unit 12 飲み会の誘いを断る

◀ Output A　しゃべる

リピーティング・シャドーイング・音読しよう！

1. CDのスロー・ナチュラル音声に続いてパートごとにリピーティングしよう／●1-48
2. CDのスロー・ナチュラル音声に合わせて、全体を通してシャドーイングしよう／●1-47
3. CDのナチュラル音声に合わせて、全体を通してシャドーイングしよう／●1-46
4. 音読トレーニングでさらに英語を定着させよう

M　A bunch of us **are going out for** drinks tonight after work. **Why don't you** come with us?

F　Thanks for the invite, **but I think** I'll pass tonight. **I don't really feel like** partying tonight.

M　Are you okay? **It's not like** you to turn **down a night of fun**!

F　Yeah. I'm just exhausted. Between moving last week and this new project **we've been** working on, it's been crazy. I **didn't realize** how tired I was **until I nodded off** in a meeting an hour ago.

M　Well, I hope you **can get some** rest over the weekend at least.

F　Me too. **I can't wait to** sleep in Saturday morning. If I have my way I'm going to stay **in bed all weekend**!

◎ 全文訳 ◎

M　今夜は、僕たちみんなで仕事のあと飲みにいくんだよ。君もいっしょに来たらどう？

F　ご招待はありがたいけど、今夜はパスするわ。今夜は騒ぐ気分じゃないのよ。

M　大丈夫かい？ 夜の楽しみを断るなんて君らしくないよ！

F　そうね。私ヘトヘトなのよ。先週の引っ越しやら、いまやっている新プロジェクトやらで、もう無茶苦茶だったの。1時間前、会議中に居眠りしちゃうまで、自分がどのくらい疲れているか気づかなかったの。

M　そうか、少なくとも週末にかけてはちょっと休めるといいね。

F　私もそう願ってるわ。土曜日の朝、ゆっくり寝坊するのが待ちきれないわ。自分の好きにできるなら、週末中ずっとベッドに入っているつもりよ。

Output B 集中して書く

日本語と英語の一部をヒントに、全文を書いてみよう！

1. これまでに学習したダイアローグの空欄部分を書いてみよう
2. **Output A** を見ながら解答を確認しよう
3. 解けなかった部分は **Input B** に戻って再学習しよう

M 今夜は、僕たちみんなで仕事のあと飲みにいくんだよ。君もいっしょに来たらどう？
_____ going out for drinks tonight after work. _____
_____ with us?

F ご招待はありがたいけど、今夜はパスするわ。今夜は騒ぐ気分じゃないのよ。
_____ I think I'll pass tonight. I don't really
_____ tonight.

M 大丈夫かい？ 夜の楽しみを断るなんて君らしくないよ！
Are you okay? _____ turn down a _____
_____!

F そうね。私ヘトヘトなのよ。先週の引っ越しやら、いまやっている新プロジェクトやらで、もう無茶苦茶だったの。1時間前、会議中に居眠りしちゃうまで、自分がどのくらい疲れているか気づかなかったの。
Yeah. I'm just exhausted. _____ and this new
project we've been working on, _____. I didn't realize how
tired _____ in a meeting an hour ago.

M そうか、少なくとも週末にかけてはちょっと休めるといいね。
Well, _____ some rest over the weekend at
least.

F 私もそう願ってるわ。土曜日の朝、ゆっくり寝坊するのが待ちきれないわ。自分の好きにできるなら、週末中ずっとベッドに入っているつもりよ。
Me too. _____ Saturday morning. _____
_____ I'm going to stay in bed all weekend!

Unit 12 飲み会の誘いを断る

Output C もっとしゃべる・書く

類似の英作文にトライ！

1. ダイアローグに登場したフレーズを利用して、英作文しよう
2. 「正解をチェック！」のページで答えを確認し、間違った問題に再チャレンジしよう
3. 難しい場合は、Input B の波線の文を参照して再学習しよう
4. CD音声だけを聞きながら、英作文やシャドーイングにチャレンジしよう／ 1-49

[1] ご招待はありがたいけど、今夜はパスするわ。
Thanks for the invite, **but** I think I'll pass tonight.

Ⓐ 申し出はありがたいけど、興味がありません。
_____

Ⓑ キャンディーはありがたいけど、ダイエット中なんです。
_____

Ⓒ 招待してくれてありがたいけど、オフィスで遅くまで仕事しなければならないんです。
_____

[2] 夜の楽しみを断るなんて君らしくないよ！
It's not like you to turn down a night of fun!

Ⓐ 仕事に遅刻するなんて、君らしくないよ。
_____

Ⓑ 守れない約束をするなんて、君らしくないよ。
_____

Ⓒ ウイスキーを飲むなんて君らしくないね、たいていビールを飲むのに。
_____

[3] 土曜日の朝、ゆっくり寝坊するのが待ちきれないわ。
I can't wait to sleep in Saturday morning.

Ⓐ この冬、スキーに行くのが待ちきれないんです。
_____

Ⓑ このプロジェクトの終了が待ちきれません。
_____

Ⓒ 来年、オリンピックのホッケーの試合に行くのが待ちきれません。
_____

＊ wrap up「終わらせる」

<正解は p.88 で確認しよう>

Answer Keys for Output C (Unit 7-12)
アウトプット C の正解をチェック！

Unit 7
[1] Ⓐ Excuse me, but would you help me with this?
　　Ⓑ Excuse me, but would you mind moving over?
　　Ⓒ Excuse me, but would you turn that TV down?

[2] Ⓐ I'm supposed to leave in ten minutes.
　　Ⓑ I'm supposed to go to dinner with friends tonight.
　　Ⓒ I'm supposed to have this Friday off work.

[3] Ⓐ Why don't we go out to eat tonight?
　　Ⓑ Why don't we take a twenty-minute break?
　　Ⓒ Why don't we try that new restaurant that opened down the street?

Unit 8
[1] Ⓐ You look like you're tired.
　　Ⓑ You look like you aren't feeling well.
　　Ⓒ You look like you have lost weight.

[2] Ⓐ If it doesn't rain tomorrow, I'm going to play golf.
　　Ⓑ If it doesn't cost too much, I'm going to go to New York for New Year's.
　　Ⓒ If it doesn't work right, I'm going to take it back to the store.

[3] Ⓐ I wouldn't do that if I were you.
　　Ⓑ I wouldn't eat that if I were you.
　　Ⓒ I wouldn't tell her the truth if I were you.

Unit 9
[1] Ⓐ I'm going to be staying at the Hilton Town Center Hotel.
　　Ⓑ I'm going to be traveling on business all next week.
　　Ⓒ I'm going to be helping my friend move this weekend.

[2] Ⓐ You really ought to save your money.
　　Ⓑ You really ought to see a doctor and get a physical.
　　Ⓒ You really ought to go see that movie while it's on the big screen.

[3] Ⓐ I guess we can do it another time.
　　Ⓑ I guess we can order in tonight if you'd like.
　　Ⓒ I guess we can sit anywhere we want.

Answer Keys for Output C (Unit 7-12)

Unit 10

[1] **A** How come you didn't call me back?
B How come you didn't tell me you were pregnant?
C How come you didn't attend the managers' meeting yesterday?

[2] **A** You're the second person who has resigned this month.
B You're the second person who has joined the team.
C He's the third person who has contracted the virus.

[3] **A** I think I'll give tennis a try.
B I think I'll try to quit smoking again.
C I think I'll ask my boss for a raise when I have my next evaluation.

Unit 11

[1] **A** You really should ask him out on a date.
B You really should start to look for a job.
C You really should try to eat healthier instead of eating junk food all the time.

[2] **A** What about ordering a pizza for dinner tonight?
B What about going to the movies this Friday?
C What about going to Europe this year instead of Hawaii like we always do?

[3] **A** I can't bring myself to tell her the truth.
B I can't bring myself to admit I was wrong.
C I can't bring myself to ask my parents for a loan.

Unit 12

[1] **A** Thanks for offering, but I'm not interested.
B Thanks for the candy, but I'm on a diet.
C Thanks for inviting me, but I have to work late at the office.

[2] **A** It's not like you to be late for work.
B It's not like you to make promises you can't keep.
C It's not like you to drink whiskey; you usually drink beer.

[3] **A** I can't wait to go skiing this winter.
B I can't wait to wrap up this project.
C I can't wait to go to an Olympic hockey game next year.

Unit 13 宝石店で At the Jewelry Store

Input A 聴き取り

穴埋めディクテーション！

1. CDのナチュラル音声でダイアローグを聴き、穴埋めしよう／●1-50
2. 難しいときは、CDのスロー・ナチュラル音声で穴埋めしよう／●1-51

M Good afternoon. I _____ _____ _____ _____ you looking _____ _____ earrings. Are you looking _____ _____ _____ new pair?

F I really like these. I'm afraid they are _____ _____ _____ _____ my price range, though.

M Today is your lucky day then. We are _____ _____ _____ those on sale tomorrow. They'll be half-price _____ _____ _____ come back in.

F I _____ _____ _____ tomorrow. _____ _____ _____ _____ for you _____ _____ _____ pair for me? I can _____ _____ _____ pick them up the day after tomorrow, if that's okay.

M _____ _____ _____ _____ _____ that for you. Have you shopped with us before?

F I have. You should have my information on file under the name of Higgins. My phone number is 470-385-9176.

▶ Input B　聴き取り＋理解

センテンスごとに穴埋めの答えをチェック！

1. CDのナチュラル音声で解答をチェック＋英語に耳慣らししよう／ 1-50
2. 難しいときは、CDのスロー・ナチュラル音声で確認しよう／ 1-51
3. 日本語訳＋［文法］・［語い］・［発音］で理解を深めよう

M Good afternoon. I **couldn't help but notice** you looking **at those** earrings. Are you looking **to buy a** new pair?

こんにちは。お客さまがそちらのイヤリングをごらんになっているのに気づいてしまいまして。新しいイヤリングのお買い求めをご検討中ですか？

- couldn't help but notice「気づかずにいられなかった；気づかざるを得なかった」notice は原形不定詞。
- be looking to ...「…する意向だ」まだ未定だが、なにかをしたい意向がある場合に用いる。
- couldn't, but, at 末尾の [t] 音が脱落。notice, to では [t] 音が弾音化している。

F I really like these. I'm afraid they are **a little out of** my price range, though.

これが、ほんとうに気に入っているんです。残念ながら、私の価格帯からちょっと外れているんですけどね。

- I'm afraid ...「残念ながら…だ」　out of ...「…を外れて」
  price range「価格帯；(購入可能な) 価格の範囲」
- little や out of の [t] 音が弾音化。

M Today is your lucky day then. We are **about to put** those on sale tomorrow. They'll be half-price **if you can** come back in.

じゃあ、今日はお客さまのラッキー・デーですよ。明日にはそちらをセールにするところですから。お店にお戻りいただければ半額になりますよ。

- if you can ...「…できるのならば」場合・仮定を表す。
- lucky day「幸運な日」　be about to ...「…するところだ」　put ... on sale「…を安売りにする」
  half-price「半額の」
- about, put から末尾の [t] 音が脱落。if you can は弱まって［ィフユークン］のように発話。

🇫 I **can't make it** tomorrow. **Would it be possible** for you **to hold a** pair for me? I can **come in and** pick them up the day after tomorrow, if that's okay.

明日は来られないんですよ。私のためにイヤリングを取り置きしてもらえますでしょうか？ よければ、明後日には、こちらに来店して購入できます。

- Would it be possible for A to B?「AにはBできますでしょうか？」would は will よりも、ていねいな表現。 if that's okay「問題なければ」if は場合・仮定を表す。
- possible「可能な」 pick up「買う；取りにくる」
- can't, it, and から末尾の破裂音が脱落。make it, Would it, hold a, come in は連結。be は弱化して［ビ］と発話。to では［t］音が弾音化。

🇲 **I'd be happy to do** that for you. Have you shopped with us before?

よろこんで、そういたしますよ。以前こちらでお買い物をしたことはございますか？

- Have you shopped ... before?「いままでに…買い物をしたことがありますか？」現在完了形の経験用法。
- I'd be happy to ...「よろこんで…いたします」
- I'd から［d］音が脱落。to では［t］音の弾音化が生じている。

🇫 I have. You should have my information on file under the name of Higgins. My phone number is 470-385-9176.

ありますよ。私の情報はヒギンズという名前でファイルされているはずです。私の電話番号は 470-385-9176 です。

- I have.「（したことが）あります」経験をたずねる現在完了形の疑問文への返答。 should ...「…のはずだ」推量・当然を表す助動詞。
- have ... on file「…をファイルに入れている」 information「情報」 under the name of ...「…という名前で」

Unit 13 宝石店で

◀ Output A しゃべる
リピーティング・シャドーイング・音読しよう！

1. CDのスロー・ナチュラル音声に続いてパートごとにリピーティングしよう／ 1-52
2. CDのスロー・ナチュラル音声に合わせて、全体を通してシャドーイングしよう／ 1-51
3. CDのナチュラル音声に合わせて、全体を通してシャドーイングしよう／ 1-50
4. 音読トレーニングでさらに英語を定着させよう

M Good afternoon. I **couldn't help but notice** you looking **at those** earrings. Are you looking **to buy a** new pair?

F I really like these. I'm afraid they are **a little out of** my price range, though.

M Today is your lucky day then. We are **about to put** those on sale tomorrow. They'll be half-price **if you can** come back in.

F I **can't make it** tomorrow. **Would it be possible** for you **to hold a** pair for me? I can **come in and** pick them up the day after tomorrow, if that's okay.

M **I'd be happy to do** that for you. Have you shopped with us before?

F I have. You should have my information on file under the name of Higgins. My phone number is 470-385-9176.

◎ 全文訳 ◎

M こんにちは。お客さまがそちらのイヤリングをごらんになっているのに気づいてしまいまして。新しいイヤリングのお買い求めをご検討中ですか？

F これが、ほんとうに気に入っているんです。残念ながら、私の価格帯からちょっと外れているんですけどね。

M じゃあ、今日はお客さまのラッキー・デーですよ。明日にはそちらをセールにするところですから。お店にお戻りいただければ半額になりますよ。

F 明日は来られないんですよ。私のためにイヤリングを取り置きしてもらえますでしょうか？ よければ、明後日には、こちらに来店して購入できます。

M よろこんで、そういたしますよ。以前こちらでお買い物をしたことはございますか？

F ありますよ。私の情報はヒギンズという名前でファイルされているはずです。私の電話番号は 470-385-9176 です。

Output B 集中して書く

日本語と英語の一部をヒントに、全文を書いてみよう！

1. これまでに学習したダイアローグの空欄部分を書いてみよう
2. Output A を見ながら解答を確認しよう
3. 解けなかった部分は Input B に戻って再学習しよう

M こんにちは。お客さまがそちらのイヤリングをごらんになっているのに気づいてしまいまして。新しいイヤリングのお買い求めをご検討中ですか？

Good afternoon. _____ you looking at those earrings. Are you _____ a new pair?

F これが、ほんとうに気に入っているんです。残念ながら、私の価格帯からちょっと外れているんですけどね。

I really like these. _____ they are a little _____ _____, though.

M じゃあ、今日はお客さまのラッキー・デーですよ。明日にはそちらをセールにするところですから。お店にお戻りいただければ半額になりますよ。

_____ day then. _____ those on sale tomorrow. They'll be half-price if you can _____.

F 明日は来られないんですよ。私のためにイヤリングを取り置きしてもらえますでしょうか？ よければ、明後日には、こちらに来店して購入できます。

I _____ tomorrow. _____ for you to hold a pair for me? I can come in and pick them up the day after tomorrow, _____.

M よろこんで、そういたしますよ。以前こちらでお買い物をしたことはございますか？

_____ that for you. Have you _____ before?

F ありますよ。私の情報はヒギンスという名前でファイルされているはずです。私の電話番号は 470-385-9176 です。

I have. _____ on file _____ _____ Higgins. My phone number is 470-385-9176.

Unit 13 宝石店で 93

Output C もっとしゃべる・書く

類似の英作文にトライ！

1. ダイアローグに登場したフレーズを利用して、英作文しよう
2. 「正解をチェック！」のページで答えを確認し、間違った問題に再チャレンジしよう
3. 難しい場合は、**Input B** の波線の文を参照して再学習しよう
4. CD音声だけを聞きながら、英作文やシャドーイングにチャレンジしよう／1-53

[1] 私のためにひと組み、取り置きしてもらえますでしょうか？
Would it be possible for you to hold a pair for me?

Ⓐ 小切手を受け取ってもらうことはできるでしょうか？
_____

Ⓑ あなたが、明日戻ってくることはできるでしょうか？
_____

Ⓒ 詳細を私にEメールで送ってもらうことはできるでしょうか？
_____

＊ take a check「小切手を受け取る」　e-mail「Eメールで送る」

[2] あなたのためによろこんでそういたします。
I'd be happy to do that for you.

Ⓐ もし必要なら、いくらかお金をお貸ししますよ。
_____

Ⓑ あなたのために、よろこんで医者を紹介しますよ。
_____

Ⓒ あなたのために、よろこんで試験勉強の手伝いをしますよ。
_____

＊ recommend a doctor「医者を推薦する」　help you study「あなたが勉強するのを手伝う」

[3] 以前、当店で買い物したことはございますか？
Have you shop**ped** with us **before**?

Ⓐ 以前、弊社と仕事をしたことはありますか？
_____

Ⓑ 以前、こちらに宿泊されたことはありますか？
_____

Ⓒ 以前、このアレルギーの薬は飲んだことがありますか？
_____

<正解は p.125 で確認しよう>

Unit 14 雨の到来
Rain Is on the Way

▶ Input A 聴き取り

穴埋めディクテーション！

1. CDのナチュラル音声でダイアローグを聴き、穴埋めしよう／● 2-1
2. 難しいときは、CDのスロー・ナチュラル音声で穴埋めしよう／● 2-2

M Well ... I'm off to work. _____ _____ _____ _____ honey.

F _____ _____ take your umbrella with you!

M Why? _____ _____ _____ _____ rain today?

F _____ _____ see the weather report? It's clear _____ _____, but _____ _____ _____ get some heavy thunderstorms this afternoon _____ _____ _____ night.

M I've been so busy these past few days I never had time to check the forecast! How long is the rain supposed to last?

F I heard this morning _____ _____ _____ _____ of rain for the next two or three days.

M That's a bummer. I was _____ _____ _____ _____ car washed this weekend.

F Yeah, I was looking forward to doing some yard work too. I guess _____ _____ _____ _____ wait.

🔊 Input B 聴き取り＋理解

センテンスごとに穴埋めの答えをチェック！

1. CDのナチュラル音声で解答をチェック＋英語に耳慣らししよう／🔊 2-1
2. 難しいときは、CDのスロー・ナチュラル音声で確認しよう／🔊 2-2
3. 日本語訳＋［文法］・［語い］・［発音］で理解を深めよう

Ⓜ Well ... I'm off to work. **Have a great day** honey.

さて、仕事に行ってくるよ。いい一日をね、ハニー。

- Have a great day.「よい一日をね」動詞の原形で始まる命令文。
- be off to ...「…に出かける」
- great から末尾の［t］音が脱落。

Ⓕ **You'd better** take your umbrella with you!

傘を持っていったほうがいいわよ！

- with you「あなたといっしょに；身につけて」付帯状況を表す。
- You'd better ... = You had better ...「…したほうがいい（さもないと…）」 umbrella「傘」
- You'd の［d］音が脱落。better では［t］音が弾音化している。

Ⓜ Why? **Is it supposed to** rain today?

どうして？ 今日は雨が降りそうなの？

- be supposed to ...「(当然) …することになっている」
- supposed は［サポウスッ＿］と発話。［z］音が［s］音に変化し、末尾の［d］音が脱落。

Ⓕ **Didn't you** see the weather report? It's clear **right now**, but **we're supposed to** get some heavy thunderstorms this afternoon **and throughout the** night.

天気予報は見なかったの？ いまは晴れているけど、今日の午後と夜中はずっとひどい雷雨になるみたいよ。

- weather report「天気予報」 clear「晴れの」 thunderstorm「激しい雷雨」
  throughout ...「…中ずっと」
- Didn't you から2番目の［d］音が脱落。全体は［ディンチュー］と変化。right, throughout から［t］音が脱落。supposed は前の項と同じ変化。

96

M I've been so busy these past few days I never had time to check the forecast! How long is the rain supposed to last?

ここ数日はずっとひどく忙しくって、予報を見る時間なんてなかったんだよ！ 雨はどのくらい続く様子なの？

- I've been so ... (that) I never had ...「ずっと…だったので、少しも…がなかった」so ... that ...「とても…なので…だ」の構文。 time to check「チェックする時間」不定詞の形容詞的用法。
- last「続く」

F I heard this morning **there is 100% chance** of rain for the next two or three days.

今朝、聞いたところでは、これから 2、3 日は 100%の降水確率よ。

- I heard (that) ...「…だと聞いた」that 以降は名詞節。 there is ...「…がある」存在を表す表現。
- 100% chance of rain「100%の雨の確率」
- there is は there's と短縮形の発話。

M That's a bummer. I was **hoping to get the** car washed this weekend.

それはがっかりだ。今週末は車を洗車しようと思ってたんだよね。

- hope to ...「…することを期待する」不定詞の名詞的用法。 get the car washed「車を洗ってもらう；洗車する」washed は目的格補語になっている。
- bummer「がっかりさせる状況」
- hoping to から [g] 音が脱落しつつ、弱化した to [ゥ] に連結。get 末尾の [t] 音は脱落。

F Yeah. I was looking forward to doing some yard work too. I guess **that will have to** wait.

そうよね。私も、ちょっと庭仕事をしようと思っていたの。ちょっと待たなきゃダメかもね。

- look forward to -ing「…することを期待する；楽しみに待つ」 yard work「庭仕事」 ... will have to wait「…は次の機会になるだろう」
- that will は that'll の発話。[t] 音は弾音化している。

◀ Output A しゃべる
リピーティング・シャドーイング・音読しよう！

1. CDのスロー・ナチュラル音声に続いてパートごとにリピーティングしよう／ 2-3
2. CDのスロー・ナチュラル音声に合わせて、全体を通してシャドーイングしよう／ 2-2
3. CDのナチュラル音声に合わせて、全体を通してシャドーイングしよう／ 2-1
4. 音読トレーニングでさらに英語を定着させよう

M Well ... I'm off to work. **Have a great day** honey.

F **You'd better** take your umbrella with you!

M Why? **Is it supposed to** rain today?

F **Didn't you** see the weather report? It's clear **right now**, but **we're supposed to** get some heavy thunderstorms this afternoon **and throughout the** night.

M I've been so busy these past few days I never had time to check the forecast! How long is the rain supposed to last?

F I heard this morning **there is 100% chance** of rain for the next two or three days.

M That's a bummer. I was **hoping to get the** car washed this weekend.

F Yeah. I was looking forward to doing some yard work too. I guess **that will have to** wait.

◎ 全文訳 ◎

M さて、仕事に行ってくるよ。いい一日をね、ハニー。

F 傘を持っていったほうがいいわよ！

M どうして？ 今日は雨が降りそうなの？

F 天気予報は見なかったの？ いまは晴れているけど、今日の午後と夜中はずっとひどい雷雨になるみたいよ。

M ここ数日はずっとひどく忙しくって、予報を見る時間なんてなかったんだよ！ 雨はどのくらい続く様子なの？

F 今朝、聞いたところでは、これから2、3日は100%の降水確率よ。

M それはがっかりだ。今週末は車を洗車しようと思ってたんだよね。

F そうよね。私も、ちょっと庭仕事をしようと思っていたの。ちょっと待たなきゃダメかもね。

Output B 集中して書く

日本語と英語の一部をヒントに、全文を書いてみよう！

1. これまでに学習したダイアローグの空欄部分を書いてみよう
2. **Output A** を見ながら解答を確認しよう
3. 解けなかった部分は **Input B** に戻って再学習しよう

M さて、仕事に行ってくるよ。いい一日をね、ハニー。

Well … _____. Have a great day honey.

F 傘を持っていったほうがいいわよ！

_____ your umbrella _____!

M どうして？ 今日は雨が降りそうなの？

Why? _____ rain today?

F 天気予報は見なかったの？ いまは晴れているけど、今日の午後と夜中はずっとひどい雷雨になるみたいよ。

Didn't you see the weather report? It's clear right now, but _____ _____ some heavy thunderstorms this afternoon and _____ _____.

M ここ数日はずっとひどく忙しくって、予報を見る時間なんてなかったんだよ！ 雨はどのくらい続く様子なの？

_____ these past few days I never had _____ _____! How long is _____?

F 今朝、聞いたところでは、これから2、3日は100%の降水確率よ。

I heard this morning _____ for the next two or three days.

M それはがっかりだ。今週末は車を洗車しようと思ってたんだよね。

_____. I was hoping to _____ this weekend.

F そうよね。私も、ちょっと庭仕事をしようと思っていたの。ちょっと待たなきゃダメかもね。

Yeah. I was looking _____ too. I guess _____.

Unit 14 雨の到来　99

Output C もっとしゃべる・書く

類似の英作文にトライ！

1. ダイアローグに登場したフレーズを利用して、英作文しよう
2. 「正解をチェック！」のページで答えを確認し、間違った問題に再チャレンジしよう
3. 難しい場合は、Input B の波線の文を参照して再学習しよう
4. CD音声だけを聞きながら、英作文やシャドーイングにチャレンジしよう／ 2-4

[1] いい一日をね、ハニー。
Have a great day honey.

Ⓐ おやすみ、ハニー。

Ⓑ 野球の試合を楽しんでね。

Ⓒ よい旅をね、で、戻ったら会おうね。

[2] 傘を持っていったほうがいいわよ！
You'd better take your umbrella with you!

Ⓐ その旅行をしたいのなら、貯金を始めたほうがいいですよ。

Ⓑ 寒くなるから暖かい格好をしたほうがいいですよ。

Ⓒ もう遅刻はしないことだ、さもないとひどい目に遭うことになるぞ！

[3] 今日は雨が降ることになっているの？
Is it **supposed to** rain today?

Ⓐ そのコンサートは東京ドームでやることになっているの？

Ⓑ 新しい zPhone は今週発売されることになっているの？

Ⓒ その映画は子どもに適していると考えられているの？

<正解は p.125 で確認しよう>

Unit 15 土壇場の買い物
Last-Minute Shopping

➡ Input A 聴き取り

穴埋めディクテーション！

1. CDのナチュラル音声でダイアローグを聴き、穴埋めしよう／● 2-5
2. 難しいときは、CDのスロー・ナチュラル音声で穴埋めしよう／● 2-6

F _____ _____ do you think _____ _____ _____ home from work tonight?

M I _____ _____ home by six or so _____ _____ _____. Why?

F I was thinking _____ grilling some steaks for dinner. The problem is _____ _____ _____ any charcoal. Do you think _____ _____ _____ some up on your way home?

M Sure. Is _____ _____ _____ need?

F I think so. I already have the steaks in the freezer. I'll _____ _____ _____ _____ _____ during the day.

M _____ _____ _____ planning on doing for a side dish?

F I _____ _____ _____ _____ tossed salad and some baked potatoes. Oh, you _____ _____? We're _____ _____ sour cream so buy _____ _____ _____ too.

M _____ _____. I'll call you when I'm _____ _____ _____ the office.

▶ Input B 聴き取り＋理解

センテンスごとに穴埋めの答えをチェック！

1. CDのナチュラル音声で解答をチェック＋英語に耳慣らししよう／● 2-5
2. 難しいときは、CDのスロー・ナチュラル音声で確認しよう／● 2-6
3. 日本語訳＋［文法］・［語い］・［発音］で理解を深めよう

F **What time** do you think **you'll be getting** home from work tonight?

今夜は何時に仕事から帰宅できると思う？

- What time do you think ...「何時に…だと思う？」間接疑問の表現。
- get home「帰宅する」
- What から [t] 音が脱落。you'll be は [ユゥビ] と短く発話。getting では [t] 音が弾音化している。

M I **should be** home by six or so **at the latest**. Why?

遅くとも 6 時頃までには帰宅するはずだよ。どうして？

- by six or so「6 時かそこいらまでには」 at the latest「遅くとも」
- should, at 末尾の破裂音が脱落。latest では [t] 音が弾音化。

F I was thinking **about** grilling some steaks for dinner. The problem is **we don't have** any charcoal. Do you think **you can pick** some up on your way home?

夕食にステーキを焼こうかと思ってたの。問題はうちに炭がまったくないことなのよ。帰り道にちょっと買ってきてもらえるかなあ？

- think about -ing「…することを考える」-ing は動名詞。 The problem is (that) ...「…ということが問題だ」that 以降は名詞節。
- grill「網焼きにする；グリルする」 charcoal「(料理用の) 炭」 pick up「買う」 on one's way home「帰宅途中で」
- about, don't の [t] 音が脱落。can は弱化し [クン] と発話。

M Sure. Is **that all we** need?

もちろん。必要なものはそれで全部？

- all we need「必要なものすべて」関係代名詞 that が省略されている。
- that all の連結部で [t] 音が弾音化している。

F I think so. I already have the steaks in the freezer. I'll **put them out to defrost** during the day.

そうだと思うわ。もうステーキは冷凍庫に冷えているし、昼間のうちに外に出して解凍しておくわ。

- freezer「冷凍庫」 put out「取り出す」 defrost「解凍する」
- put, out, defrost 末尾の [t] 音が脱落。

M **What are you** planning on doing for a side dish?

サイド・ディッシュには、なにを予定しているの？

- plan on -ing「…する予定だ」-ing は動名詞。
- side dish「サイド・ディッシュ」
- What are の連結部で [t] 音が弾音化。

F **I thought I'd make a** tossed salad and some baked potatoes. Oh, you **know what**? We're **out of** sour cream so buy **some of that** too.

ミックス・サラダとベイクド・ポテトを作ろうと思ってたの。ああ、あのさぁ。サワー・クリームが切れているから、それも少し買ってちょうだい。

- I thought I'd …「…しようと思っていた」I think I'll … の過去。まだ実現していないことに関して述べる表現。
- you know what?「あのさ；あのね」話を切り出す表現。 be out of …「…を切らしている」some of that「それをちょっと」
- thought I'd や out of の連結部で [t] 音が弾音化。make a は連結。what から [t] 音が脱落。out of, some of では末尾の [v] 音が脱落。

M **Got it**. I'll call you when I'm **ready to leave** the office.

わかった。オフィスを出る準備ができたら電話するね。

- when …「…のときに」時を表す接続詞。
- be ready to …「…の準備が整う」
- Got it の連結部で [t] 音が弾音化。ready の [d] 音と to の [t] 音も弾音化している。

Unit 15　土壇場の買い物　103

◀ Output A しゃべる
リピーティング・シャドーイング・音読しよう！

1. CDのスロー・ナチュラル音声に続いてパートごとにリピーティングしよう／⦿ 2-7
2. CDのスロー・ナチュラル音声に合わせて、全体を通してシャドーイングしよう／⦿ 2-6
3. CDのナチュラル音声に合わせて、全体を通してシャドーイングしよう／⦿ 2-5
4. 音読トレーニングでさらに英語を定着させよう

F What time do you think **you'll be getting** home from work tonight?

M I **should be** home by six or so **at the latest**. Why?

F I was thinking **about** grilling some steaks for dinner. The problem is **we don't have** any charcoal. Do you think **you can pick** some up on your way home?

M Sure. Is **that all we** need?

F I think so. I already have the steaks in the freezer. I'll **put them out to defrost** during the day.

M **What are you** planning on doing for a side dish?

F I **thought I'd make a** tossed salad and some baked potatoes. Oh, you **know what**? We're **out of** sour cream so buy **some of that** too.

M **Got it**. I'll call you when I'm **ready to leave** the office.

◎ 全文訳 ◎

F 今夜は何時に仕事から帰宅できると思う？

M 遅くとも6時頃までには帰宅するはずだよ。どうして？

F 夕食にステーキを焼こうかと思ってたの。問題はうちに炭がまったくないことなのよ。帰り道にちょっと買ってきてもらえるかなあ？

M もちろん。必要なものはそれで全部？

F そうだと思うわ。もうステーキは冷凍庫に冷えているし。昼間のうちに外に出して解凍しておくわ。

M サイド・ディッシュには、なにを予定しているの？

F ミックス・サラダとベイクド・ポテトを作ろうと思ってたの。ああ、あのさぁ。サワー・クリームが切れているから、それも少し買ってちょうだい。

M わかった。オフィスを出る準備ができたら電話するね。

Output B 集中して書く

日本語と英語の一部をヒントに、全文を書いてみよう！

1. これまでに学習したダイアローグの空欄部分を書いてみよう
2. **Output A** を見ながら解答を確認しよう
3. 解けなかった部分は **Input B** に戻って再学習しよう

F 今夜は何時に仕事から帰宅できると思う？
What time _____ getting home from work tonight?

M 遅くとも6時頃までには帰宅するはずだよ。どうして？
_____ by six or so at _____. Why?

F 夕食にステーキを焼こうかと思ってたの。問題はうちに炭がまったくないことなのよ。帰り道にちょっと買ってきてもらえるかなあ？
_____ grilling some steaks for dinner. The problem is we don't have any charcoal. Do you think you can _____ _____?

M もちろん。必要なものはそれで全部？
Sure. Is that _____?

F そうだと思うわ。もうステーキは冷凍庫に冷えているし、昼間のうちに外に出して解凍しておくわ。
I think so. _____ in the freezer. I'll _____ _____ during the day.

M サイド・ディッシュには、なにを予定しているの？
_____ on doing for a side dish?

F ミックス・サラダとベイクド・ポテトを作ろうと思ってたの。ああ、あのさぁ。サワー・クリームが切れているから、それも少し買ってちょうだい。
_____ a tossed salad and some baked potatoes. Oh, _____? We're _____ so buy some of that too.

M わかった。オフィスを出る準備ができたら電話するね。
_____. I'll call you _____ the office.

Unit 15 土壇場の買い物　105

Output C もっとしゃべる・書く

類似の英作文にトライ！

1. ダイアローグに登場したフレーズを利用して、英作文しよう
2. 「正解をチェック！」のページで答えを確認し、間違った問題に再チャレンジしよう
3. 難しい場合は、Input B の波線の文を参照して再学習しよう
4. CD音声だけを聞きながら、英作文やシャドーイングにチャレンジしよう／2-8

[1] 問題はうちに炭がまったくないことなんです。
The problem is we don't have any charcoal.

Ⓐ 問題は、そのお金がないことなんです。
_____

Ⓑ 問題は、十分な時間が残されていないことです。
_____

Ⓒ 問題は、彼にはマネージャーになれる経験がないことですよ。
_____

＊ the experience to be ...「…になるための経験」

[2] 必要なものはそれで全部ですか？
Is that all we need?

Ⓐ 僕にしてほしいことはそれで全部ですか？
_____

Ⓑ 準備に必要なことはそれで全部ですか？
_____

Ⓒ 僕にお店で買ってほしいのは、それで全部ですか？
_____

[3] ミックス・サラダとベイクド・ポテトを作ろうと思っていたの。
I thought I'd make a tossed salad and some baked potatoes.

Ⓐ 仕事のあとでジムに行こうかと思っていたんですよ。
_____

Ⓑ 彼は結婚前にちょっと待つのかと思っていたんです。
_____

Ⓒ 売り出し中に、薄型画面のテレビを買おうと思っていたんですよ。
_____

<正解は p.125 で確認しよう>

Unit 16 手助けを頼む
Asking for Some Help

▶ Input A 聴き取り

穴埋めディクテーション！

1. CDのナチュラル音声でダイアローグを聴き、穴埋めしよう／● 2-9
2. 難しいときは、CDのスロー・ナチュラル音声で穴埋めしよう／● 2-10

F Hey Jim, can you give me a hand moving these boxes? I _____ _____ _____ _____ _____ they are really heavy.

M Sure Kelly. Where do they _____ _____ go?

F These three _____ _____ _____ warehouse and these two _____ _____ _____ _____ over there _____ _____ _____ copier.

M Wow you _____ _____! These really are heavy! I'm glad you _____ _____ _____ _____ yourself.

F I don't know why they packed these so heavy. _____ _____ _____ hard to handle. _____ _____ _____, somebody _____ _____ _____ _____ themselves.

M Since these are going to the warehouse, I'm _____ _____ _____ _____ dolly to _____ _____, I'll be right back.

F I really _____ your help Jim.

M No sweat.

➡️ Input B　聴き取り＋理解

センテンスごとに穴埋めの答えをチェック！

1. CDのナチュラル音声で解答をチェック＋英語に耳慣らししよう／ 2-9
2. 難しいときは、CDのスロー・ナチュラル音声で確認しよう／ 2-10
3. 日本語訳＋［文法］・［語い］・［発音］で理解を深めよう

F Hey Jim, can you give me a hand moving these boxes? I **don't know what's in them but** they are really heavy.

ねえ、ジム、この箱を動かすのに手を貸してもらえる？ なにが入っているかわからないけど、すごく重いのよ。

- what's in them「それらの中になにが入っているか」間接疑問の表現。
- give someone a hand -ing「…が…するのに手を貸す」 heavy「重い」
- don't, but 末尾の [t] 音は脱落。in them では、連結部の [n] + [ð] が [n] 音に変化する。

M Sure Kelly. Where do they **need to** go?

もちろんだよ、ケリー。どこに持っていけばいい？

- need to ...「…すべきだ；…する必要がある」
- need の [d] 音が脱落。to の [t] 音は弾音化している。

F These three **go to the** warehouse and these two **need to be stacked** over there **next to the** copier.

この３つは倉庫で、この２つは向こうのコピー機の隣に重ねておく必要があるわね。

- be stacked「積み重ねられる」受動態表現。
- warehouse「倉庫」 next to ...「…の隣に」
- go to の to では [t] 音が弾音化。need, next からは末尾の破裂音が脱落。

M Wow you **weren't kidding**! These really are heavy! I'm glad you **didn't try to lift them** yourself.

うわっ、ホントだ！ こりゃすごく重いや！ 君が自分で持ち上げようとしなくてよかったよ。

- 🛑 try to lift「持ち上げようと試みる」不定詞の名詞的用法。
- 📘 kid「冗談を言う；かつぐ」
- 👄 weren't, kidding, didn't, lift 末尾の破裂音は脱落。kidding, to では [d] 音や [t] 音が弾音化。

F I don't know why they packed these so heavy. **It makes them** hard to handle. **Not only that**, somebody **could really hurt** themselves.

どうしてこれを、こんなに重く梱包したのかわからないわ。取り扱うのが大変になるわよね。それだけじゃなくて、ホントにだれかケガをする人も出るかもね。

- 🛑 I don't know why ...「なぜ…なのかわからない；不思議だ」why 以降は間接疑問の表現。 make them hard to handle「それらの取り扱いを難しくする」make them hard は VOC の形になっている。
- 📘 pack「梱包する」　heavy「重く」
- 👄 It, that, could, hurt から末尾の破裂音が脱落。Not only では連結部で [t] 音が弾音化している。

M Since these are going to the warehouse, I'm **going to get a** dolly to **move them**, I'll be right back.

こいつらは倉庫行きだから、動かすために手押し車を取ってくるよ。すぐに戻るね。

- 🛑 Since A, B.「A だから B だ」since は理由を表す。
- 📘 dolly「手押し車」　be right back「すぐに戻る」
- 👄 going to は大きく変化し [ゴナ] と発話。get a は連結部で [t] 音が弾音化。them は弱化して [ェм] と発話。

F I really **appreciate** your help .Jim.

ホントに助かるわ、ジム。

- 📘 appreciate「ありがたく思う；感謝する」
- 👄 appreciate 末尾の破裂音 [t] が脱落する。

M No sweat.

こんなの朝飯前だよ。

- 📘 No sweat. は「汗もない」が直訳。転じて「まったく問題ない；朝飯前だ；平気だ」といったニュアンスで、感謝への返事などに使われる。

Unit 16 手助けを頼む

◀ Output A しゃべる
リピーティング・シャドーイング・音読しよう！

1. CDのスロー・ナチュラル音声に続いてパートごとにリピーティングしよう／ 2-11
2. CDのスロー・ナチュラル音声に合わせて、全体を通してシャドーイングしよう／ 2-10
3. CDのナチュラル音声に合わせて、全体を通してシャドーイングしよう／ 2-9
4. 音読トレーニングでさらに英語を定着させよう

F Hey Jim, can you give me a hand moving these boxes? I **don't know what's in them but** they are really heavy.

M Sure Kelly. Where do they **need to** go?

F These three **go to the** warehouse and these two **need to be stacked** over there **next to the** copier.

M Wow you **weren't kidding**! These really are heavy! I'm glad you **didn't try to lift them** yourself.

F I don't know why they packed these so heavy. **It makes them** hard to handle. **Not only that**, somebody **could really hurt** themselves.

M Since these are going to the warehouse, I'm **going to get a** dolly to **move them**, I'll be right back.

F I really **appreciate** your help Jim.

M No sweat.

◎ 全文訳 ◎

F ねえ、ジム、この箱を動かすのに手を貸してもらえる？ なにが入っているかわからないけど、すごく重いのよ。

M もちろんだよ、ケリー。どこに持っていけばいい？

F この3つは倉庫で、この2つは向こうのコピー機の隣に重ねておく必要があるわね。

M うわっ、ホントだ！ こりゃすごく重いや！ 君が自分で持ち上げようとしなくてよかったよ。

F どうしてこれを、こんなに重く梱包したのかわからないわ。取り扱うのが大変になるわよね。それだけじゃなくて、ホントにだれかケガをする人も出るかもね。

M こいつらは倉庫行きだから、動かすために手押し車を取ってくるよ。すぐに戻るね。

F ホントに助かるわ、ジム。

M こんなの朝飯前だよ。

110

Output B 集中して書く

日本語と英語の一部をヒントに、全文を書いてみよう！

1. これまでに学習したダイアローグの空欄部分を書いてみよう
2. Output A を見ながら解答を確認しよう
3. 解けなかった部分は Input B に戻って再学習しよう

F ねえ、ジム、この箱を動かすのに手を貸してもらえる？ なにが入っているかわからないけど、すごく重いのよ。

Hey Jim, can you _____ these boxes?
I don't _____ but they are really heavy.

M もちろんだよ、ケリー。どこに持っていけばいい？

Sure Kelly. Where do they _____?

F この3つは倉庫で、この2つは向こうのコピー機の隣に重ねておく必要があるわね。

These three _____ warehouse and these two _____
_____ next to the copier.

M うわっ、ホントだ！ こりゃすごく重いや！ 君が自分で持ち上げようとしなくてよかったよ。

Wow _____! These really are heavy! I'm glad _____
_____ yourself.

F どうしてこれを、こんなに重く梱包したのかわからないわ。取り扱うのが大変になるわよね。それだけじゃなくて、ホントにだれかケガをする人も出るかもね。

I don't know why they _____. It makes them
_____. _____, somebody could really
_____.

M こいつらは倉庫行きだから、動かすために手押し車を取ってくるよ。すぐに戻るね。

_____ these are going to the warehouse. _____ a dolly
to move them, _____.

F ホントに助かるわ、ジム。

I really _____ Jim.

M こんなの朝飯前だよ。

No sweat.

Unit 16 手助けを頼む 111

Output C もっとしゃべる・書く

類似の英作文にトライ！

1. ダイアローグに登場したフレーズを利用して、英作文しよう
2. 「正解をチェック！」のページで答えを確認し、間違った問題に再チャレンジしよう
3. 難しい場合は、**Input B** の波線の文を参照して再学習しよう
4. CD音声だけを聞きながら、英作文やシャドーイングにチャレンジしよう／ 2-11

[1] この箱を動かすのに手を貸してもらえる？
Can you give me a hand moving these boxes?

Ⓐ お皿を洗う手伝いをしてもらえる？
_____

Ⓑ この服をたたむ手伝いをしてもらえる？
_____

Ⓒ パーティー用のテーブルとイスをセットする手伝いをしてもらえる？
_____

[2] 君がそれを自分で持ち上げようとしなくてよかったよ。
I'm glad you didn't try to lift them yourself.

Ⓐ 君が同窓会に来られてよかったよ。
_____

Ⓑ 君が事故でケガをしなくてよかったよ。
_____

Ⓒ 今年は、あなたが記念日を忘れなくてよかったわ。
_____

＊ class reunion「同窓会」

[3] どうして先方が、これをこんなに重く梱包したのかわからないわ。
I don't know why they packed these so heavy.

Ⓐ 彼がどうして私について、あんなひどいことを言ったのかわからないわ。
_____

Ⓑ どうして先方が、われわれのオファーを断ったのかわかりません。
_____

Ⓒ なぜもっと早くそれを思いつかなかったのか不思議ですね。
_____

<正解は p.126 で確認しよう>

Unit 17 感謝を表す
Showing Your Appreciation

➡ Input A 聴き取り

穴埋めディクテーション！

1. CDのナチュラル音声でダイアローグを聴き、穴埋めしよう／⦿2-13
2. 難しいときは、CDのスロー・ナチュラル音声で穴埋めしよう／⦿2-14

M I really appreciate your _____ _____ study for that math test. _____ _____ _____ _____ lunch to say "thanks."

F You don't have to do that. I'm _____ _____ _____ _____ help on the history final, anyway.

M I insist. How _____ _____ _____ _____ _____ that new Thai restaurant _____ _____ by the station?

F _____ _____ really a _____ _____ Thai food. _____ _____ _____ spicy for me. I've been craving tacos _____ though. _____ _____ Mexican sound?

M _____ you like is fine by me. I have class _____ ____:____, so I'll _____ _____ _____ _____ library around ____:____. Is that cool?

F _____ _____ for me. _____ _____ me at least that long to finish writing this report.

M Great. See you then.

🔊 Input B　聴き取り＋理解 🏊

センテンスごとに穴埋めの答えをチェック！

1. CDのナチュラル音声で解答をチェック＋英語に耳慣らししよう／🔊 2-13
2. 難しいときは、CDのスロー・ナチュラル音声で確認しよう／🔊 2-14
3. 日本語訳＋［文法］・［語い］・［発音］で理解を深めよう

M I really appreciate your **helping me** study for that math test. **Let me buy you** lunch to say "thanks."

あの数学の試験、僕を手伝ってくれてほんとうに感謝するよ。お礼にお昼をごちそうさせてよ。

- 📀 appreciate your helping「あなたが手伝ってくれたことに感謝する」helping は動名詞。your は動名詞の意味上の主語に当たる。　let me buy「僕にごちそうさせて」let は使役動詞。
- 📖 appreciate「感謝する」　buy「買う；おごる；ごちそうする」
- 👄 helping, let 末尾から破裂音が脱落。you は弱化して［ユ］と発話。

F You don't have to do that. I'm **going to need your** help on the history final, anyway.

そんなことしなくていいわ。とにかく、歴史の期末テストでは、あなたの手助けが必要になるし。

- 📖 final「期末テスト」　anyway「いずれにせよ；とにかく」
- 👄 going to は［ゴナ］と発話。need your は連結部の［d］+［j］で音が混じり合い［ジュ］に近い音に変化する。

M I insist. How **about if we go to** that new Thai restaurant **that opened** by the station?

どうしても、ごちそうしたいんだ。駅のそばに開店した新しいタイ料理店に行くのはどう？

- 📀 that new Thai restaurant that opened「開店したあの新しいタイ料理店」2番目の that は関係代名詞の主格。
- 📖 I insist.「どうしてもそうしたいんだ」直訳すると、「僕は強く言い張る；主張を曲げない；言い張って譲らない」となる。
- 👄 about if や that opened の連結部、さらに to でも［t］音が弾音化している。

F **I'm not** really a **fan of** Thai food. **It's just too** spicy for me. I've been craving tacos **lately** though. **How does** Mexican sound?

あまりタイ料理は好みじゃないの。私にはちょっと辛すぎて。でも、最近はタコスが食べたくて仕方ないの。メキシコ料理はどう？

- have been craving「ずっと…を渇望している」現在完了進行形。
- a fan of ...「…のファンだ；…が大好きだ」 too spicy「あまりにも辛すぎる」 spicy は「香辛料がきいていて辛い」という意味。 crave「渇望する」 sound「響く；聞こえる」
- not, it's, just から破裂音が脱落。fan of では 2 語が連結している。lately の [t] 音と does の [d] 音が弾音化している。

(M) Whatever you like is fine by me. I have class **until 12:30**, so I'll **meet you at the** library around **12:45**. Is that cool?

君が好きなものなら、僕はなんでもいいよ。僕は 12 時半まで授業があるから、12 時 45 分頃に図書館で会おうよ。それでいいかい？

- Whatever you like「君が好きなものならなんでも」whatever は複合関係代名詞で、名詞節を導いている。
- fine by me「僕はかまわない；都合がいい」 cool = okay
- Whatever, 30, 45 で [t] 音が弾音化している。meet you の連結部では [t] + [j] の部分で音が混じり合い [チュ] に近い音に変化。at の [t] 音は脱落。

(F) That works for me. **It'll take** me at least that long to finish writing this report.

私は大丈夫よ。このレポートを仕上げるのに、少なくともそのくらいの時間はかかるから。

- finish writing「書き終える」writing は動名詞。
- work for ...「…（人）には問題ない」 take ...「…（人）に時間がかかる」
- That は弱化し [ァット] と発話。It'll の [t] 音が弾音化。

(M) Great. See you then.

よし。じゃあ、そのときにね。

- then「そのときに」then は過去と未来の両方に関して用いる。

Unit 17 感謝を表す

◀ Output A　しゃべる

リピーティング・シャドーイング・音読しよう！

1. CDのスロー・ナチュラル音声に続いてパートごとにリピーティングしよう／ 2-15
2. CDのスロー・ナチュラル音声に合わせて、全体を通してシャドーイングしよう／ 2-14
3. CDのナチュラル音声に合わせて、全体を通してシャドーイングしよう／ 2-13
4. 音読トレーニングでさらに英語を定着させよう

M I really appreciate your **helping me** study for that math test. **Let me buy you** lunch to say "thanks."

F You don't have to do that. I'm **going to need your** help on the history final, anyway.

M I insist. How **about if we go to** that new Thai restaurant **that opened** by the station?

F **I'm not** really a **fan of** Thai food. **It's just too** spicy for me. I've been craving tacos **lately** though. **How does** Mexican sound?

M **Whatever** you like is fine by me. I have class **until 12:30**, so I'll **meet you at the** library around **12:45**. Is that cool?

F **That works** for me. **It'll take** me at least that long to finish writing this report.

M Great. See you then.

○ 全文訳 ○

M あの数学の試験、僕を手伝ってくれてほんとうに感謝するよ。お礼にお昼をごちそうさせてよ。

F そんなことしなくていいわ。とにかく、歴史の期末テストでは、あなたの手助けが必要になるし。

M どうしても、ごちそうしたいんだ。駅のそばに開店した新しいタイ料理店に行くのはどう？

F あまりタイ料理は好みじゃないの。私にはちょっと辛すぎて。でも、最近はタコスが食べたくて仕方ないの。メキシコ料理はどう？

M 君が好きなものなら、僕はなんでもいいよ。僕は12時半まで授業があるから、12時45分頃に図書館で会おうよ。それでいいかい？

F 私は大丈夫よ。このレポートを仕上げるのに、少なくともそのくらいの時間はかかるから。

M よし。じゃあ、そのときにね。

Output B 集中して書く

日本語と英語の一部をヒントに、全文を書いてみよう！

1. これまでに学習したダイアローグの空欄部分を書いてみよう
2. **Output A** を見ながら解答を確認しよう
3. 解けなかった部分は **Input B** に戻って再学習しよう

M あの数学の試験、僕を手伝ってくれてほんとうに感謝するよ。お礼にお昼をごちそうさせてよ。

I really _____ study for that math test. _____ to say "thanks."

F そんなことしなくていいわ。とにかく、歴史の期末テストでは、あなたの手助けが必要になるし。

You don't _____. I'm going to need your help on the history final, _____.

M どうしても、ごちそうしたいんだ。駅のそばに開店した新しいタイ料理店に行くのはどう？

_____. _____ go to that new Thai restaurant _____?

F あまりタイ料理は好みじゃないの。私にはちょっと辛すぎて。でも、最近はタコスが食べたくて仕方ないの。メキシコ料理はどう？

I'm _____ Thai food. It's just too spicy for me. _____ lately though. How does Mexican sound?

M 君が好きなものなら、僕はなんでもいいよ。僕は12時半まで授業があるから、12時45分頃に図書館で会おうよ。それでいいかい？

_____ is fine by me. I have class until 12:30, so _____ around 12:45. _____?

F 私は大丈夫よ。このレポートを仕上げるのに、少なくともそのくらいの時間はかかるから。

_____. It'll take me at least that long _____ _____.

M よし。じゃあ、そのときにね。

Great. See you then.

Unit 17 感謝を表す 117

Output C もっとしゃべる・書く

類似の英作文にトライ！

1. ダイアローグに登場したフレーズを利用して、英作文しよう
2. 「正解をチェック！」のページで答えを確認し、間違った問題に再チャレンジしよう
3. 難しい場合は、**Input B** の波線の文を参照して再学習しよう
4. CD音声だけを聞きながら、英作文やシャドーイングにチャレンジしよう／ 2-16

[1] あの数学の試験、僕を手伝ってくれてほんとうに感謝するよ。
I really **appreciate your** help**ing** me study for that math test.

Ⓐ 職場まで車で送ってくれて感謝しているよ。

Ⓑ どうすればいいかアドバイスをくれて感謝しているよ。

Ⓒ 僕を手伝う時間を取ってくれて感謝しているよ。

[2] タイ料理はあまり好きじゃないんです。
I'm not really a fan of Thai food.

Ⓐ バスケットボールはあまり好きじゃないんです。

Ⓑ カラオケを歌うのはあまり好きじゃないんです。

Ⓒ ホラー映画はあまり好きじゃないんです。

[3] このレポートを仕上げるのに、少なくともそのくらいの時間はかかります。
It'll take me at least that long **to** finish writing this report.

Ⓐ 私が英語のコースを終えるのには、少なくとも3週間くらいはかかります。

Ⓑ この天候の中をそこまで運転するのに、少なくとも2時間はかかります。

Ⓒ うちの事務所からそこに到着するのに、20分かかります。

＊ complete「仕上げる；終える」

<正解は p.126 で確認しよう>

Unit 18 夕食の計画
Dinner Plans

▶ Input A 聴き取り

穴埋めディクテーション！

1. CDのナチュラル音声でダイアローグを聴き、穴埋めしよう／●2-17
2. 難しいときは、CDのスロー・ナチュラル音声で穴埋めしよう／●2-18

M _____ _____ _____ _____ _____ do for dinner tonight?

F I have _____ _____ _____ _____ hairdresser at four, so we _____ _____ _____ _____ _____ _____ guess.

M I _____ _____ trying that new Chinese place _____ _____ last week.

F That's _____ _____ _____ _____. _____ _____ _____ Chinese food _____ _____ long time. Do you have any idea what time they open?

M No. I can't imagine them not being open by six or so though.

F We should probably check their hours _____ _____ make sure they're open _____. Some Asian restaurants close on Mondays. What was _____ _____ _____ _____ _____ again?

M I'm pretty sure it's called the Lucky Dragon.

F I'll call you back if they are closed. If you don't hear back from me, _____ _____ _____ me there around _____-_____.

▶ Input B 聴き取り＋理解

センテンスごとに穴埋めの答えをチェック！

1. CDのナチュラル音声で解答をチェック＋英語に耳慣らししよう／● 2-17
2. 難しいときは、CDのスロー・ナチュラル音声で確認しよう／● 2-18
3. 日本語訳＋［文法］・［語い］・［発音］で理解を深めよう

Ⓜ **What do you want to** do for dinner tonight?

今夜の夕食はどうしたい？

- 📖 want to do ... for dinner「夕食に…をしたい」
- 👄 What 末尾の［ t ］音は脱落。do you は短く［ドゥユ］と発話。want to は［ワナ］と変化。

Ⓕ I have **an appointment with the** hairdresser at four, so we **might as well eat out I** guess.

私は4時に美容院の予約があるから、外食にするのがいいかもね。

- 📖 appointment「予約」 hairdresser「美容院」 might as well ...「…したほうがよさそうだ」 eat out「外食する」
- 👄 an appointment は連結。appointment は2カ所の［ t ］音が脱落。with the では重なった［ ð ］音がひとつ脱落。might as, eat out I では連結部で［ t ］音が弾音化している。

Ⓜ I **wouldn't mind** trying that new Chinese place **that opened** last week.

先週、開店したあの新しい中華料理の店を試してみるのも悪くないね。

- 🔵 Chinese place that opened「開店した中華料理の店」 that は関係代名詞の主格。
- 📖 wouldn't mind -ing「…するのも悪くない；…したい」
- 👄 wouldn't, mind の末尾で破裂音が脱落。that opened では連結部で［ t ］音が弾音化している。

Ⓕ That's **not a bad idea. I haven't had** Chinese food **in a** long time. Do you have any idea what time they open?

それは悪くないわね。中華は長いこと食べてないわ。お店が何時に開くのかわかる？

- 🔵 haven't had「食べていない」現在完了形の経験用法。 what time they open「何時に開くか」間接疑問の表現。
- 👄 not a, bad idea の連結部で破裂音が弾音化。haven't の［ t ］音は脱落。in a は連結。

(M) No. I can't imagine them not being open by six or so though.

いや。でも、6時とかまでに開いてないことは想像できないね。

- imagine them not being open「そこが開いていないのを想像する」being は現在分詞。them がその意味上の主語になっている。
- imagine「想像する」 open「開店して」 ... or so「…かそこいら」

(F) We should probably check their hours **online to** make sure they're open **today**. Some Asian restaurants close on Mondays. What was **the name of that place** again?

今日、開いているのかどうか確認するために、営業時間をネットでチェックするべきじゃないかな。アジア料理のお店は月曜に閉まっているところもあるわ。あのお店の名前ってなんだっけ？

- to make sure「確かめるために」不定詞の副詞的用法。
- check「調べる；確認する」 again「…だっけ」以前たずねたことを再びたずねる場合に用いられる。
- to, today で [t] 音が弾音化。of から [v] 音が、that からは [t] 音が脱落。

(M) I'm pretty sure it's called the Lucky Dragon.

ほぼ確実に、ラッキー・ドラゴンだと思うよ。

- it's called ...「…と呼ばれている」受動態。
- I'm pretty sure ...「ほぼ確実に…だと思う」

(F) I'll call you back if they are closed. If you don't hear back from me, **plan on meeting** me there around **six-thirty**.

閉まっていたら、あなたに電話をかけ直すわ。私がかけ直さなかったら、お店で6時半に会う予定にしておいてよ。

- if they are closed「閉まっていたら」if は場合を表す。 plan on meeting「会うことを予定する」meeting は動名詞。
- call back「電話をかけ直す」 hear back from ...「…から電話がかけ直される」
- plan on は連結。meeting, thirty では [t] 音が弾音化。

Output A しゃべる

リピーティング・シャドーイング・音読しよう！

1. CDのスロー・ナチュラル音声に続いてパートごとにリピーティングしよう／ 2-19
2. CDのスロー・ナチュラル音声に合わせて、全体を通してシャドーイングしよう／ 2-18
3. CDのナチュラル音声に合わせて、全体を通してシャドーイングしよう／ 2-17
4. 音読トレーニングでさらに英語を定着させよう

M **What do you want to** do for dinner tonight?

F I have **an appointment with the** hairdresser at four, so we **might as well eat out** I guess.

M I **wouldn't mind** trying that new Chinese place **that opened** last week.

F That's **not a bad idea. I haven't had** Chinese food **in a** long time. Do you have any idea what time they open?

M No. I can't imagine them not being open by six or so though.

F We should probably check their hours **online to** make sure they're open **today**. Some Asian restaurants close on Mondays. What was **the name of that place** again?

M I'm pretty sure it's called the Lucky Dragon.

F I'll call you back if they are closed. If you don't hear back from me, **plan on meeting** me there around **six-thirty**.

◎ 全文訳 ◎

M 今夜の夕食はどうしたい？

F 私は4時に美容院の予約があるから、外食にするのがいいかもね。

M 先週、開店したあの新しい中華料理の店を試してみるのも悪くないね。

F それは悪くないわね。中華は長いこと食べてないわ。お店が何時に開くのかわかる？

M いや。でも、6時とかまでに開いてないことは想像できないね。

F 今日、開いているのかどうか確認するために、営業時間をネットでチェックするべきじゃないかな。アジア料理のお店は月曜に閉まっているところもあるわ。あのお店の名前ってなんだっけ？

M ほぼ確実に、ラッキー・ドラゴンだと思うよ。

F 閉まっていたら、あなたに電話をかけ直すわ。私がかけ直さなかったら、お店で6時半に会う予定にしておいてよ。

Output B 集中して書く

日本語と英語の一部をヒントに、全文を書いてみよう！

1. これまでに学習したダイアローグの空欄部分を書いてみよう
2. Output A を見ながら解答を確認しよう
3. 解けなかった部分は Input B に戻って再学習しよう

M 今夜の夕食はどうしたい？
What do _____ for dinner tonight?

F 私は4時に美容院の予約があるから、外食にするのがいいかもね。
_____ with the hairdresser at four, so we _____
_____ I guess.

M 先週、開店したあの新しい中華料理の店を試してみるのも悪くないね。
I _____ that new Chinese place that opened last week.

F それは悪くないわね。中華は長いこと食べてないわ。お店が何時に開くのかわかる？
_____. I haven't had Chinese food _____
_____. Do you have any idea _____?

M いや。でも、6時とかまでに開いてないことは想像できないね。
No. I can't imagine _____ by six or so though.

F 今日、開いているのかどうか確認するために、営業時間をネットでチェックするべきじゃないかな。アジア料理のお店は月曜に閉まっているところもあるわ。あのお店の名前ってなんだっけ？
_____ their hours online _____
they're open today. Some Asian restaurants close on Mondays. _____
_____ the name of that place _____?

M ほぼ確実に、ラッキー・ドラゴンだと思うよ。
_____ it's called the Lucky Dragon.

F 閉まっていたら、あなたに電話をかけ直すわ。私がかけ直さなかったら、お店で6時半に会う予定にしておいてよ。
I'll call you back _____. If you don't hear back from me,
_____ around six-thirty.

Unit 18 夕食の計画

Output C もっとしゃべる・書く

類似の英作文にトライ！

1. ダイアローグに登場したフレーズを利用して、英作文しよう
2. 「正解をチェック！」のページで答えを確認し、間違った問題に再チャレンジしよう
3. 難しい場合は、**Input B** の波線の文を参照して再学習しよう
4. CD音声だけを聞きながら、英作文やシャドーイングにチャレンジしよう／⚫2-20

[1] 先週開店したあの新しい中華料理の店を試してみるのも悪くないね。
I wouldn't mind try**ing** that new Chinese place that opened last week.

Ⓐ 映画を観にいくのも悪くないね。
_____

Ⓑ ドライブするのも悪くはないね。
_____

Ⓒ 夏休みに長野の両親のところに行くのも悪くないね。
_____

[2] そこが何時に開くのかわかる？
Do you have any idea what time they open?

Ⓐ パーティーの始まる時間はわかりますか？
_____

Ⓑ お天気がどんなふうだかわかりますか？
_____

Ⓒ ファースト・クラスの席にアップグレードするのに、どれくらいお金がかかるのかわかりますか？
_____

＊ cost「お金がかかる」

[3] ほぼ確実に、ラッキー・ドラゴンという名前だと思うよ。
I'm pretty sure it's called the Lucky Dragon.

Ⓐ ほぼ確実に、映画は8時スタートだと思いますよ。
_____

Ⓑ ほぼ確実に、試験には合格していると思いますが、金曜まではわかりません。
_____

Ⓒ その顧客がわれわれの提案に合意するのは、ほぼ確実だと思いますよ。
_____

<正解は p.126 で確認しよう>

Answer Keys for Output C (Unit 13-18)
アウトプット C の正解をチェック！

Unit 13

[1] **A** Would it be possible for you to take a check?
B Would it be possible for you to come back tomorrow?
C Would it be possible for you to e-mail me the details?

[2] **A** I'd be happy to loan you some money if you need it.
B I'd be happy to recommend a doctor for you.
C I'd be happy to help you study for the exam.

[3] **A** Have you worked with us before?
B Have you stayed with us before?
C Have you taken this allergy medication before?

Unit 14

[1] **A** Have a good night honey.
B Have a wonderful time at the baseball game.
C Have a good trip and I'll see you when you get back.

[2] **A** You'd better start saving your money if you want to take that trip.
B You'd better dress warmly because it's going to be cold.
C You'd better not be late again or you'll be in trouble!

[3] **A** Is the concert supposed to be at the Tokyo Dome?
B Is the new zPhone supposed to go on sale this week?
C Is that movie supposed to be suitable for children?

Unit 15

[1] **A** The problem is we don't have the money.
B The problem is there's not enough time left.
C The problem is he doesn't have the experience to be a manager.

[2] **A** Is that all you want me to do?
B Is that all you have to do to get ready?
C Is that all you need me to buy at the store?

[3] **A** I thought I'd go to the gym after work.
B I thought he'd wait a while before getting married.
C I thought I'd get a flat-screen TV while they are on sale.

Answer Keys for Output C (Unit 13-18)

Unit 16

[1] **A** Can you give me a hand washing the dishes?
   B Can you give me a hand folding these clothes?
   C Can you give me a hand setting up tables and chairs for the party?

[2] **A** I'm glad you could come to the class reunion.
   B I'm glad you weren't hurt in the accident.
   C I'm glad you didn't forget about our anniversary this year.

[3] **A** I don't know why he said those terrible things about me.
   B I don't know why they turned down our offer.
   C I don't know why we didn't think of that earlier.

Unit 17

[1] **A** I really appreciate your giving me a ride to work.
   B I really appreciate your giving me advice on what to do.
   C I really appreciate your taking the time to help me.

[2] **A** I'm not really a fan of basketball.
   B I'm not really a fan of singing karaoke.
   C I'm not really a fan of horror movies.

[3] **A** It'll take me about three weeks to complete the English course.
   B It'll take me at least two hours to drive there in this weather.
   C It'll take me twenty minutes to get there from my office.

Unit 18

[1] **A** I wouldn't mind going to see a movie.
   B I wouldn't mind taking a drive.
   C I wouldn't mind visiting my parents in Nagano during summer vacation.

[2] **A** Do you have any idea what time the party starts?
   B Do you have any idea what the weather will be like?
   C Do you have any idea how much it would cost to upgrade to first class?

[3] **A** I'm pretty sure the movie starts at eight o'clock.
   B I'm pretty sure I passed the test but I won't know until Friday.
   C I'm pretty sure the customer will agree to our proposal.

Unit 19 A Lost Credit Card

紛失したクレジット・カード

Input A 聴き取り

穴埋めディクテーション！

1. CDのナチュラル音声でダイアローグを聴き、穴埋めしよう／ 2-21
2. 難しいときは、CDのスロー・ナチュラル音声で穴埋めしよう／ 2-22

F Hi there. I was wondering if you could help me. I'm looking for my _____ _____. I think I left it here _____ _____

M _____ _____ _____ a look _____ _____ _____. What's the name on the card?

F Kelly Douglas. It's a blue visa card from Wells Fargo Bank.

M Hmmm. I don't see one here. This is usually where we _____ _____ _____ _____ customer _____ leaves one behind. Are you sure this was the last place you _____ _____?

F After dinner here we _____ _____ a few drinks _____ _____ _____ remember paying cash for them.

M I'm not sure _____ _____ _____ you. If you'd like to leave me a phone number we can _____ _____ _____ _____ _____ _____. If I were you I'd check with that bar _____ _____ _____.

▶ Input B 聴き取り＋理解

センテンスごとに穴埋めの答えをチェック！

1. CDのナチュラル音声で解答をチェック＋英語に耳慣らししよう／ⓟ 2-21
2. 難しいときは、CDのスロー・ナチュラル音声で確認しよう／ⓟ 2-22
3. 日本語訳＋［文法］・［語い］・［発音］で理解を深めよう

F Hi there. I was wondering if you could help me. I'm looking for my **credit card**. I think I left it here **last night**.

こんにちは。あなたに助けていただけるかと思いましてね。クレジット・カードを探しているんです。昨日の夜、ここに置き忘れてしまったと思うんです。

🔵 I think (that) …「…だと思う」that 以降は名詞節。

🟢 wonder if …「…かどうかなと思う」　leave「置き忘れる；残していく」

⚫ credit, last の末尾から破裂音が脱落。credit の [d] 音は弾音化している。

M **Let me take** a look **in the register**. What's the name on the card?

ちょっとレジの中をチェックさせてくださいね。カードのお名前は？

🔵 Let me …「私に…させてください」let は使役動詞。

🟢 look in「ちょっと覗く」

⚫ Let の末尾から [t] 音が脱落。in the の連結部で [n] ＋ [ð] が [n] 音に変化している。

F Kelly Douglas. It's a blue visa card from Wells Fargo Bank.

ケリー・ダグラスです。ウェルズ・ファーゴ銀行の青色のビザ・カードなんです。

🔵 from …「…の」所属を表す。

M Hmmm. I don't see one here. This is usually where we **put them if a** customer **accidentally** leaves one behind. Are you sure this was the last place you **used it**?

うーん。ここにはありませんね。お客さまがカードを置き忘れたときには、ふつうはここに置いておくんですよ。カードをお使いになったのは、確かにここが最後だったのですか？

🔵 (the place) where we put「私たちが置く場所」where は関係副詞。先行詞が省略されている。

🟢 one「ひとつ」a card の代わりに用いられている。　accidentally「誤って」
leave behind「置き忘れる；残していく」

◯ put them では them が弱化し [ェム] と発話。さらに連結部で [t] 音が弾音化している。accidentally から [t] 音が脱落。used it は連結。

(F) After dinner here we **went out for** a few drinks **but I specifically** remember paying cash for them.

ここで夕食を食べたあとに、ちょっとお酒を飲みに出かけましたが、そのお店では現金で支払ったことをはっきり覚えているんですよ。

◯ remember paying「支払ったことを覚えている」paying は動名詞。

◯ specifically「明確に；はっきり」

◯ went, out 末尾の [t] 音が脱落。went out は連結。but I は連結部で破裂音 [t] が弾音化している。

(M) I'm not sure **what to tell** you. If you'd like to leave me a phone number we can **call you if it turns up**. If I were you I'd check with that bar **just in case**.

なんと申し上げてよいのかわかりません。私に電話番号を残していっていただければ、出てきたときにお電話を差し上げられます。私なら、念のため、そのバーに確認してみると思いますよ。

◯ what to tell you「あなたに言うべきこと」不定詞の形容詞的用法。 If I were you I'd ...「もし私があなたなら、…するでしょう」仮定法過去の表現。

◯ If you'd like to ...「…をお望みであれば」 turn up「ひょっこり見つかる；偶然出てくる」 check with ...「…に確認する」 just in case「念のため；万一に備えて」

◯ what, it 末尾の [t] 音は脱落。you は弱化して [ユ] と短く発話。just in は音が連結している。

Unit 19 紛失したクレジット・カード 129

Output A しゃべる

リピーティング・シャドーイング・音読しよう！

1. CDのスロー・ナチュラル音声に続いてパートごとにリピーティングしよう／2-23
2. CDのスロー・ナチュラル音声に合わせて、全体を通してシャドーイングしよう／2-22
3. CDのナチュラル音声に合わせて、全体を通してシャドーイングしよう／2-21
4. 音読トレーニングでさらに英語を定着させよう

F Hi there. I was wondering if you could help me. I'm looking for my **credit card**. I think I left it here **last night**.

M **Let me take** a look **in the register**. What's the name on the card?

F Kelly Douglas. It's a blue visa card from Wells Fargo Bank.

M Hmmm. I don't see one here. This is usually where we **put them if a** customer **accidentally** leaves one behind. Are you sure this was the last place you **used it**?

F After dinner here we **went out for** a few drinks **but I specifically** remember paying cash for them.

M I'm not sure **what to tell** you. If you'd like to leave me a phone number we can **call you if it turns up**. If I were you I'd check with that bar **just in case**.

◎ 全文訳 ◎

F こんにちは。あなたに助けていただけるかと思いましてね。クレジット・カードを探しているんです。昨日の夜、ここに置き忘れてしまったと思うんです。

M ちょっとレジの中をチェックさせてくださいね。カードのお名前は？

F ケリー・ダグラスです。ウェルズ・ファーゴ銀行の青色のビザ・カードなんです。

M うーん。ここにはありませんね。お客さまがカードを置き忘れたときには、ふつうはここに置いておくんですよ。カードをお使いになったのは、確かにここが最後だったのですか？

F ここで夕食を食べたあとに、ちょっとお酒を飲みに出かけましたが、そのお店では現金で支払ったことをはっきり覚えているんですよ。

M なんと申し上げてよいのかわかりません。私に電話番号を残していっていただければ、出てきたときにお電話を差し上げられます。私なら、念のため、そのバーに確認してみると思いますよ。

Output B 集中して書く

日本語と英語の一部をヒントに、全文を書いてみよう！

1. これまでに学習したダイアローグの空欄部分を書いてみよう
2. Output A を見ながら解答を確認しよう
3. 解けなかった部分は Input B に戻って再学習しよう

F こんにちは。あなたに助けていただけるかと思いましてね。クレジット・カードを探しているんです。昨日の夜、ここに置き忘れてしまったと思うんです。

Hi there. _____ you could help me. _____
my credit card. _____ it here last night.

M ちょっとレジの中をチェックさせてくださいね。カードのお名前は？

_____ the register. What's the name _____
_____?

F ケリー・ダグラスです。ウェルズ・ファーゴ銀行の青色のビザ・カードなんです。

Kelly Douglas. It's a blue visa card from Wells Fargo Bank.

M うーん。ここにはありませんね。お客さまがカードを置き忘れたときには、ふつうはここに置いておくんですよ。カードをお使いになったのは、確かにここが最後だったのですか？

Hmmm. I don't see one here. This is _____ them if
a customer accidentally _____. Are you sure this was ___
_____ it?

F ここで夕食を食べたあとに、ちょっとお酒を飲みに出かけましたが、そのお店では現金で支払ったことをはっきり覚えているんですよ。

_____ we went out for a few drinks but I _____
_____ for them.

M なんと申し上げてよいのかわかりません。私に電話番号を残していっていただければ、出てきたときにお電話を差し上げられます。私なら、念のため、そのバーに確認してみると思いますよ。

I'm not sure _____. If _____ me a
phone number we can call you _____. If I were you _____
_____ just in case.

Unit 19 紛失したクレジット・カード   131

Output C もっとしゃべる・書く

類似の英作文にトライ！

1. ダイアローグに登場したフレーズを利用して、英作文しよう
2. 「正解をチェック！」のページで答えを確認し、間違った問題に再チャレンジしよう
3. 難しい場合は、**Input B** の波線の文を参照して再学習しよう
4. CD音声だけを聞きながら、英作文やシャドーイングにチャレンジしよう／● 2-24

[1] お客さまが置き忘れたときには、ふつうはここに置いておくんですよ。
This is usually where we put them if a customer accidentally leaves one behind.

Ⓐ 急いでいるときは、ふつうはここでランチを食べるんです。
_____

Ⓑ 必要なときには、ふつうはここでタクシーを拾うんですよ。
_____

Ⓒ お天気がよければ、ふだんは、ここでゴルフをするんですよ。
_____

[2] それをお使いになったのは、確かにここが最後だったのですか？
Are you sure this was the last place you used it?

Ⓐ ほんとうに、それがあなたのしたいことなんですか？
_____

Ⓑ 彼があなたにほんとうのことを言っているのは確かなんですか？
_____

Ⓒ その問題を解決するほかの方法がないというのは確かなのですか？
_____

[3] 私なら、念のため、そのバーに確認してみると思いますよ。
If I were you I'd check with that bar just in case.

Ⓐ 私なら、ほかの仕事を探しますね。
_____

Ⓑ 私なら、一日仕事を休んでのんびりしますよ。
_____

Ⓒ 私なら、ひどくなる前に医者に診せにいきますね。
_____

<正解は p.163 で確認しよう>

Unit 20 このテレビ、壊れてる
This TV Doesn't Work

➡ Input A 聴き取り
穴埋めディクテーション！

1. CDのナチュラル音声でダイアローグを聴き、穴埋めしよう／ 2-25
2. 難しいときは、CDのスロー・ナチュラル音声で穴埋めしよう／ 2-26

F I _____ _____ _____ why this TV isn't working!

M What's the problem? The picture looks good.

F I _____ _____ the sound _____ _____ _____.

M I have the volume on _____ _____. The audio is through the _____ _____ system. If you want volume you have to use this other remote.

F I see. _____ _____ _____ _____ _____ change channels _____ _____ _____ _____ this remote, right?

M Right. I've been _____ _____ _____ _____ _____ those universal remotes that controls everything. That way you don't have to switch back and forth. I just _____ _____ _____ _____.

F I was thinking about _____ _____ _____ _____ system myself, but I don't know _____ _____ _____.

M I can help you pick one _____ _____ _____ _____. Then I can buy that remote!

▶ Input B 聴き取り＋理解

センテンスごとに穴埋めの答えをチェック！

1. CDのナチュラル音声で解答をチェック＋英語に耳慣らししよう／● 2-25
2. 難しいときは、CDのスロー・ナチュラル音声で確認しよう／● 2-26
3. 日本語訳＋［文法］・［語い］・［発音］で理解を深めよう

F I **just can't understand** why this TV isn't working!

このテレビが動かないのはどうしてなのよ！

- why this TV isn't working「どうしてテレビが動かないのか」間接疑問の表現。
- understand「理解する」　work「作動する；動く」
- just, can't 末尾の［ t ］音が脱落。can't understand は連結。

M What's the problem? The picture looks good.

どうしたのさ？ 画像はよさそうだよね。

- look good「よさそうに見える」good は補語。
- problem「問題」
- picture からは［ t ］音が脱落し［ピクシャー］のように発話。

F I **can't get** the sound **to come on**.

音を出せないのよね。

- get the sound to come on「音を出させる」使役表現。
- can't, get から［ t ］音が脱落。to では［ t ］音が弾音化。

M I have the volume on the **TV muted**. The audio is through the **home theater** system. If you want volume you have to use this other remote.

テレビの音をミュートにしてるんだよ。音声はホーム・シアター・システムを通して出しているんだ。ボリュームが上げたければ、こっちの別のリモコンを使わなきゃダメなんだよ。

- have the volume muted「ボリュームをミュートにする」have は使役動詞。
- be through「…を通っている」 volume「音量」 remote「リモコン」remote control の略。
- muted, theater で［ t ］音が弾音化している。

🇫 I see. **But if I want to** change channels **I need to use** this remote, right?

そうなのね。でも、もしチャンネルを変えたいときは、こっちのリモコンを使わなきゃダメなのよね？

- But ...「でも…」逆接の接続詞。
- ... right?「…でしょ?」確認を表す。
- But if の連結部で [t] 音が弾音化。want to は [ワナ] と変化。need 末尾の [d] 音は脱落している。

🇲 Right. I've been **meaning to get one of** those universal remotes that controls everything. That way you don't have to switch back and forth. I just **haven't had the time**.

そのとおりだよ。すべてをコントロールできるユニバーサル・リモコンをひとつ買おうとずっと思ってたんだよね。そうすれば、あっちこっち切り替えなくて済むからね。ただ、まだ買う時間がなくてさ。

- I've been meaning to ...「ずっと…しようと思っているんだ」現在完了形進行形。 universal remotes that controls everything「すべてをコントロールできるユニバーサル・リモコン」that は関係代名詞の主格。
- one of those -s「あの…のひとつ」 that way「そうすれば」 switch「切り替える」 back and forth「あちこち」
- meaning, get, haven't, had の末尾から破裂音が脱落。to では [t] 音が弾音化。of 末尾の [v] 音も脱落。

🇫 I was thinking about **getting a surround sound** system myself, but I don't know **anything about them**.

私、自分でもサラウンド・システムを買おうかと思ってたの。でも、全然わからなくて。

- think about getting「買うことを考える」getting は動名詞。
- getting の [t] 音が弾音化。surround, sound, about 末尾の破裂音は脱落。

🇲 I can help you pick one **out if you like**. Then I can buy that remote!

よければ、君がそれを選ぶのを手伝ってあげられるよ。そうすれば、僕はそのリモコンが買えるしね。

- help you pick out「君が選ぶのを手伝う」pick は原形不定詞。
- pick out「選び出す」 if you like「よければ；君が望むなら」
- out if の連結部で [t] 音が弾音化している。

Unit 20 このテレビ、壊れてる

⬅ Output A しゃべる
リピーティング・シャドーイング・音読しよう！

1. CDのスロー・ナチュラル音声に続いてパートごとにリピーティングしよう／🔘 2-27
2. CDのスロー・ナチュラル音声に合わせて、全体を通してシャドーイングしよう／🔘 2-26
3. CDのナチュラル音声に合わせて、全体を通してシャドーイングしよう／🔘 2-25
4. 音読トレーニングでさらに英語を定着させよう

F I **just can't understand** why this TV isn't working!

M What's the problem? The picture looks good.

F I **can't get** the sound **to come on**.

M I have the volume on the **TV muted**. The audio is through the **home theater** system. If you want volume you have to use this other remote.

F I see. **But if I want to** change channels **I need to use** this remote, right?

M Right. I've been **meaning to get one of** those universal remotes that controls everything. That way you don't have to switch back and forth. I just **haven't had the time**.

F I was thinking about **getting a surround sound** system myself, but I don't know **anything about them**.

M I can help you pick one **out if you like**. Then I can buy that remote!

◎ 全文訳 ◎

F このテレビが動かないのはどうしてなのよ！

M どうしたのさ？ 画像はよさそうだよね。

F 音を出せないのよね。

M テレビの音をミュートにしてるんだよ。音声はホーム・シアター・システムを通して出しているんだ。ボリュームが上げたければ、こっちの別のリモコンを使わなきゃダメなんだよ。

F そうなのね。でも、もしチャンネルを変えたいときは、こっちのリモコンを使わなきゃダメなのよね？

M そのとおりだよ。すべてをコントロールできるユニバーサル・リモコンをひとつ買おうとずっと思ってたんだよね。そうすれば、あっちこっち切り替えなくて済むからね。ただ、まだ買う時間がなくてさ。

F 私、自分でもサラウンド・システムを買おうかと思ってたの。でも、全然わからなくて。

M よければ、君がそれを選ぶのを手伝ってあげられるよ。そうすれば、僕はそのリモコンが買えるしね！

Output B 集中して書く

日本語と英語の一部をヒントに、全文を書いてみよう！

1. これまでに学習したダイアローグの空欄部分を書いてみよう
2. **Output A** を見ながら解答を確認しよう
3. 解けなかった部分は **Input B** に戻って再学習しよう

F テレビが動かないのはどうしてなのよ！
_____ this TV isn't working!

M どうしたのさ？ 画像はよさそうだよね。
_____? The picture looks good.

F 音を出せないのよね。
I can't get the _____.

M テレビの音をミュートにしてるんだよ。音声はホーム・シアター・システムを通して出しているんだ。ボリュームが上げたければ、こっちの別のリモコンを使わなきゃダメなんだよ。
I have the volume _____. _____ the home theater system. If you want volume you have to use this other remote.

F そうなのね。でも、もしチャンネルを変えたいときは、こっちのリモコンを使わなきゃダメなのよね？
I see. _____ channels I need to use this remote, right?

M そのとおりだよ。すべてをコントロールできるユニバーサル・リモコンをひとつ買おうとずっと思ってたんだよね。そうすれば、あっちこっち切り替えなくて済むからね。ただ、まだ買う時間がなくてさ。
Right. _____ get one of those universal remotes _____. _____ switch back and forth. I just haven't _____.

F 私、自分でもサラウンド・システムを買おうかと思ってたの。でも、全然わからなくて。
I was _____ a surround sound system myself, but _____ them.

M よければ、君がそれを選ぶのを手伝ってあげられるよ。そうすれば、僕はそのリモコンが買えるしね！
I can _____ if you like. Then I can buy that remote!

Unit 20 このテレビ、壊れてる 137

◀ Output C もっとしゃべる・書く
類似の英作文にトライ！

1. ダイアローグに登場したフレーズを利用して、英作文しよう
2. 「正解をチェック！」のページで答えを確認し、間違った問題に再チャレンジしよう
3. 難しい場合は、**Input B** の波線の文を参照して再学習しよう
4. CD音声だけを聞きながら、英作文やシャドーイングにチャレンジしよう／● 2-28

[1] このテレビが動かないのはどうしてなのよ！
I just can't understand why this TV isn't working!

Ⓐ どうして彼は僕をクビにしたんだ！

_____

Ⓑ どうして僕はこんなに疲れているんだろう！

_____

Ⓒ どうしてこの風邪は治らないんだろう。

_____

[2] すべてをコントロールできるユニバーサル・リモコンをひとつ買おうとずっと思ってたんだよね。
I've been meaning to get one of those universal remotes that controls everything.

Ⓐ ずっと新しいスーツを買おうと思ってたんだ。

_____

Ⓑ ずっと君に電話しようと思ってたんだけど、時間がなくて。

_____

Ⓒ それに関して、君にたずねようと思ってたんだよ。

_____

[3] よければ、君がそれを選ぶのを手伝ってあげられるよ。
I can help you pick one out **if you like**.

Ⓐ よければ、君がそれを探すのを手伝うよ。

_____

Ⓑ よければ、あなたがその荷物を運ぶのを手伝いますよ。

_____

Ⓒ よければ、皿洗いを手伝うよ。

_____

<正解は p.163 で確認しよう>

Unit 21 人に親切にする
Doing Someone a Favor

▶ Input A 聴き取り

穴埋めディクテーション！

1. CDのナチュラル音声でダイアローグを聴き、穴埋めしよう／2-29
2. 難しいときは、CDのスロー・ナチュラル音声で穴埋めしよう／2-30

M Hey Sarah, _____ _____ do me a big favor?

F Sure Mike. _____ _____ _____ need?

M I'm _____ _____ _____ _____ the office really late tonight, so I need someone to stop by my _____ _____ take my dog for a walk. _____ _____ _____ _____ that for me?

F I don't mind _____ _____ _____ _____. The question is ... how am I _____ _____ _____ _____?

M I keep a spare key in the flower pot by my _____. Go ahead and use that. Just make sure _____ _____ _____ _____ when youvre done though. That's the only spare key I have!

F Sure thing. I _____ _____ _____ _____ some errands around five o'clock anyway, so I'll stop by then.

M Thanks. You're a real lifesaver.

📥 Input B　聴き取り＋理解

センテンスごとに穴埋めの答えをチェック！

1. CDのナチュラル音声で解答をチェック＋英語に耳慣らししよう／ 🔊 2-29
2. 難しいときは、CDのスロー・ナチュラル音声で確認しよう／ 🔊 2-30
3. 日本語訳＋［文法］・［語い］・［発音］で理解を深めよう

Ⓜ Hey Sarah, **could you** do me a big favor?

ねえ、サラ、ちょっと面倒なお願いをしてもいいかな？

- 💿 could you …?「…してもらえますか？」ていねいな依頼表現。
- 📕 do … a favor「…に親切にする」　favor「親切な行為」
- 👄 could you の連結部で［d］＋［j］の音が混じり合い、［ジュ］に近い音に変化する。

Ⓕ Sure Mike. **What do you** need?

ええ、マイク。どうしてほしいの？

- 📕 Sure.「もちろん」快く請け合うときの表現。
- 👄 What do は What'd と発話。What 末尾の［t］音も脱落している。you は弱化して［ユ］と発音。

Ⓜ I'm **going to be at** the office really late tonight, so I need someone to stop by my **apartment and** take my dog for a walk. **Would you mind doing** that for me?

今夜は、オフィスにすごく遅くまでいることになるから、だれかにうちに寄ってイヌの散歩をしてほしいんだよ。僕のためにやってもらえるかなあ？

- 💿 …, so …「…なので…」順接を表す。　Would you mind -ing?「…していただけますか？」-ing は動名詞。
- 📕 stop by …「…に立ち寄る」　take … for a walk「…を散歩に連れていく」
- 👄 going, at, and, mind, doing 末尾の破裂音が脱落。to の［t］音は弾音化。apartment は 2 カ所の［t］音が脱落。Would you の連結部で［d］＋［j］の音が混じり合い、［ジュ］に近い音に変化する。

Ⓕ I don't mind **doing that at all**. The question is … how am I **going to get in**?

やるのはまったく問題ないわよ。問題はね…私はどうやって中に入ればいいの？

- The question is ... 「問題は…」文が不完全に途中で終わり、次のセンテンスの前置きになっている。
- not ... at all 「まったく…ない」 get in 「中に入る」
- doing の [g] 音が脱落。doing that の連結部で [n] + [ð] が [n] 音に変化する。at all, get in は連結部で [t] 音が弾音化。going to は [ゴナ] と変化。

M I keep a spare key in the flower pot by my **front door**. Go ahead and use that. Just make sure **you put it back** when you're done though. That's the only spare key I have!

正面玄関の横の鉢植えにスペア・キーを入れているんだ。それを使ってよ。終わったら、戻すことだけ忘れないで。スペア・キーはそれしかないからさ。

- Just make sure (that) ... 「…ということだけはちゃんと確認してちょうだい」 that 以降は名詞節。the only spare key I have 「僕の持っている唯一のスペア・キー」 関係代名詞の目的格 that が省略されている。
- keep 「保管する」 flower pot 「植物の鉢植え」 Go ahead and ... 「どうぞ…して（ください）」 put back 「戻す」 be done 「終える」
- front から [t] 音が脱落。put it は連結部で [t] 音が弾音化。

F Sure thing. I **need to go run** some errands around five o'clock anyway, so I'll stop by then.

もちろんよ。いずれにしても、5 時頃にちょっとした用事があるから、そのときに立ち寄るわ。

- Sure thing.「いいよ；もちろん；確かに」 go run some errands「ちょっとしたお使いにいく；用を済ます」 anyway「いずれにせよ」
- need の [d] 音が脱落。to の [t] 音は弾音化している。

M Thanks. You're a real lifesaver.

ありがとう。君は救いの神だよ。

- lifesaver「苦境から救い出してくれる人」

Unit 21 人に親切にする 141

⬅ Output A　しゃべる
リピーティング・シャドーイング・音読しよう！

1. CDのスロー・ナチュラル音声に続いてパートごとにリピーティングしよう／⏺2-31
2. CDのスロー・ナチュラル音声に合わせて、全体を通してシャドーイングしよう／⏺2-30
3. CDのナチュラル音声に合わせて、全体を通してシャドーイングしよう／⏺2-29
4. 音読トレーニングでさらに英語を定着させよう

M Hey Sarah, **could you** do me a big favor?

F Sure Mike. **What do you** need?

M I'm **going to be at** the office really late tonight, so I need someone to stop by my **apartment and** take my dog for a walk. **Would you mind doing** that for me?

F I don't mind **doing that at all**. The question is ... how am I **going to get in**?

M I keep a spare key in the flower pot by my **front door**. Go ahead and use that. Just make sure **you put it back** when you're done though. That's the only spare key I have!

F Sure thing. I **need to go run** some errands around five o'clock anyway, so I'll stop by then.

M Thanks. You're a real lifesaver.

◎ 全文訳 ◎

M ねえ、サラ、ちょっと面倒なお願いをしてもいいかな？

F ええ、マイク。どうしてほしいの？

M 今夜は、オフィスにすごく遅くまでいることになるから、だれかにうちに寄ってイヌの散歩をしてほしいんだよ。僕のためにやってもらえるかなあ？

F やるのはまったく問題ないわよ。問題はね…私はどうやって中に入ればいいの？

M 正面玄関の横の鉢植えにスペア・キーを入れているんだ。それを使ってよ。終わったら、戻すことだけ忘れないで。スペア・キーはそれしかないからさ。

F もちろんよ。いずれにしても、5時頃にちょっとした用事があるから、そのときに立ち寄るわ。

M ありがとう。君は救いの神だよ。

Output B 集中して書く

日本語と英語の一部をヒントに、全文を書いてみよう！

1. これまでに学習したダイアローグの空欄部分を書いてみよう
2. Output A を見ながら解答を確認しよう
3. 解けなかった部分は Input B に戻って再学習しよう

(M) ねえ、サラ、ちょっと面倒なお願いをしてもいいかな？
Hey Sarah, could you _____?

(F) ええ、マイク。どうしてほしいの？
Sure Mike. _____?

(M) 今夜は、オフィスにすごく遅くまでいることになるから、だれかにうちに寄っくイヌの散歩をしてほしいんだよ。僕のためにやってもらえるかなあ？
_____ at the office really late tonight, so I _____
_____ my apartment and take my dog for a walk. _____
_____ that for me?

(F) やるのはまったく問題ないわよ。問題はね…私はどうやって中に入ればいいの？
I don't mind _____. The question is ... how am I _____
_____?

(M) 正面玄関の横の鉢植えにスペア・キーを入れているんだ。それを使ってよ。終わったら、戻すことだけ忘れないで。スペア・キーはそれしかないからさ。
_____ in the flower pot by my front door. _____
_____. Just make sure you put it back when _____
_____ though. That's the only spare key I have!

(F) もちろんよ。いずれにしても、5時頃にちょっとした用事があるから、そのときに立ち寄るわ。
_____. I need to _____ around five o'clock anyway, so I'll stop by then.

(M) ありがとう。君は救いの神だよ。
Thanks. You're _____.

Output C もっとしゃべる・書く

類似の英作文にトライ！

1. ダイアローグに登場したフレーズを利用して、英作文しよう
2. 「正解をチェック！」のページで答えを確認し、間違った問題に再チャレンジしよう
3. 難しい場合は、**Input B** の波線の文を参照して再学習しよう
4. CD音声だけを聞きながら、英作文やシャドーイングにチャレンジしよう／● 2-32

[1] 僕のために、それをやってもらえるかなあ？
Would you mind doing that for me?

Ⓐ ちょっと店に寄ってきてもらえない？
_____

Ⓑ そのドアを開けておいてもらえませんか？
_____

Ⓒ タクシーを呼んでもらえませんか？
_____

＊ hold ... open「…を開けておく」

[2] それをやるのは、まったくかまいませんよ。
I don't mind doing that at all.

Ⓐ 今週末、あなたのために子守をするのはまったくかまいませんよ。
_____

Ⓑ 君に僕の講義のノートを貸すのは、まったくかまわないよ。
_____

Ⓒ 君が車を出してくれるなら、運転するのはまったくかまわないよ。
_____

[3] 終わったら、戻すことだけ忘れないで。
Just make sure you put it back when you're done.

Ⓐ 使い終わったら、これを私に返却することだけ忘れないでね。
_____

Ⓑ 正しい決断をしているのかどうかだけ、ちゃんと気をつけてね。
_____

Ⓒ 出かけるときに、家にカギをかけることだけは忘れないでね。
_____

<正解は p.163 で確認しよう>

Unit 22 人生の新しいページをめくる
Turning Over a New Leaf

▶ Input A 聴き取り

穴埋めディクテーション！

1. CDのナチュラル音声でダイアローグを聴き、穴埋めしよう／ 2-33
2. 難しいときは、CDのスロー・ナチュラル音声で穴埋めしよう／ 2-34

M Hey Jill. I'm calling because I just got your e-mail. You _____ _____ _____ surprised I was to receive your resignation. _____ _____ _____ _____ _____ _____ are planning to leave the company?

F First, you must understand _____ _____ _____ really enjoyed my time here. I've learned so much. Not to mention _____ _____ _____ _____ _____ have worked _____ _____ _____ _____ _____ company.

M So what's the problem then?

F I'm _____ _____ _____ turn over a new leaf. I've always _____ _____ _____ my own company. I'm _____ _____ _____ _____ _____ business.

M I always heard you were a great cook. I never knew _____ _____ something you _____ _____ _____ _____ _____ career, though.

F It's been my true passion my whole life. I think _____ _____ _____ _____ take the plunge.

🏊 Input B 聴き取り＋理解

センテンスごとに穴埋めの答えをチェック！

1. CDのナチュラル音声で解答をチェック＋英語に耳慣らししよう／⏵ 2-33
2. 難しいときは、CDのスロー・ナチュラル音声で確認しよう／⏵ 2-34
3. 日本語訳＋［文法］・［語い］・［発音］で理解を深めよう

Ⓜ Hey Jill. I'm calling because I just got your e-mail. You **can't imagine how** surprised I was to receive your resignation. **Why is it that you** are planning to leave the company?

やあ、ジル。君のEメールをもらったから電話したんだ。僕が君の辞表を受け取ってどれほど驚いたか、君には想像もつかないだろうね。どうして会社を辞めることにしたんだい？

🅑 because ... 「…だから」理由を表す。 how surprised I was 「私がどれほど驚いたか」感嘆文が間接疑問の役割を果たしている。 to receive ... 「…を受け取って」感情の原因を表す。 Why is it that ...? 「どうして…なのですか？」that 以降が、直前の it の内容を表している。

🅛 imagine 「想像する」 resignation 「辞表」

🅟 can't から［t］音が脱落し、imagine に連結。is it は連結。it, that の末尾で［t］音が脱落している。

Ⓕ First, you must understand **that I have** really enjoyed my time here. I've learned so much. Not to mention **how proud I am to** have worked **for such a great** company.

まず第一に、私がここでの時間をとても楽しんできたことをご理解ください。とても多くのことを学びました。こんなにすばらしい会社に勤務できたことを、私がどれほど誇りに思っているかは言うまでもありません。

🅑 Not to mention how ... 「どれほど…かは言うに及ばない」感嘆文が間接疑問の役割を果たしている。 to have worked for ... 「…で勤務できて」感情の原因を表す。

🅛 First, ... 「まず…；第一に…」 learn so much 「とても多くのことを学ぶ」 such a ... 「とても…；こんなに…；そんなに…」

🅟 that I, proud I は連結部で［t］音や［d］音が弾音化。such a は連結。great 末尾の［t］音は脱落。

Ⓜ So what's the problem then?

じゃあ、なにが問題なんだい？

🅛 problem 「問題」

🅕 I'm **just ready to** turn over a new leaf. I've always **wanted to own** my own company. I'm **going to open a catering** business.

人生の新しいページをめくる準備ができたんです。ずっと自分の会社を持ちたいと思っていたんですよ。ケータリングのビジネスを始めるつもりです。

- be ready to ...「…する準備ができている」不定詞の副詞的用法。 I've always wanted to ...「ずっと…したかった」現在完了形の継続用法。
- turn over「めくる」 leaf「ページ」 catering business「ケータリングの仕事；仕出し業」
- 最初の to と catering の [t] 音は弾音化。catering からは [g] 音も脱落しやすい。wanted からは [t] 音と [d] 音が脱落。going to は [ゴナ] と変化。

🅜 I always heard you were a great cook. I never knew **that was** something you **wanted to do as a** career, though.

前からずっと、君の料理の腕前がすばらしいことは聞いていたよ。でも、それが君が仕事としてやりたいことだったとは思いもしなかった。

- I always heard (that) ...「(昔から) ずっと…と聞いていた」that 以降は名詞節。 something (that) you wanted to do「君がやりたかったこと」関係代名詞の目的格 that が省略されている。
- great cook「料理上手な人」 as a career「職業として」
- that から [t] 音が脱落。wanted からは [t] 音と [d] 音が脱落している。to では [t] の弾音化が生じている。

🅕 It's been my true passion my whole life. I think **I'm finally ready to** take the plunge.

私の人生でずっと、それこそがほんとうにやりたいことだったんです。ついにそれを思い切ってやってみる準備ができたと思っているんですよ。

- my whole life「人生でずっと；終身」副詞の役割を果たしている。
- passion「夢中になるもの」 take the plunge「思い切ってやってみる」
- finally から [ə] が脱落。to では [t] 音が弾音化。

Unit 22 人生の新しいページをめくる 147

◀ Output A　しゃべる

リピーティング・シャドーイング・音読しよう！

1. CDのスロー・ナチュラル音声に続いてパートごとにリピーティングしよう／⏵2-35
2. CDのスロー・ナチュラル音声に合わせて、全体を通してシャドーイングしよう／⏵2-34
3. CDのナチュラル音声に合わせて、全体を通してシャドーイングしよう／⏵2-33
4. 音読トレーニングでさらに英語を定着させよう

M Hey Jill. I'm calling because I just got your e-mail. You **can't imagine how** surprised I was to receive your resignation. **Why is it that you** are planning to leave the company?

F First, you must understand **that I have** really enjoyed my time here. I've learned so much. Not to mention **how proud I am to** have worked **for such a great** company.

M So what's the problem then?

F I'm **just ready to** turn over a new leaf. I've always **wanted to own** my own company. I'm **going to open a catering** business.

M I always heard you were a great cook. I never knew **that was** something you **wanted to do as a** career, though.

F It's been my true passion my whole life. I think **I'm finally ready to** take the plunge.

◎ 全文訳 ◎

M やあ、ジル。君のEメールをもらったから電話したんだ。僕が君の辞表を受け取ってどれほど驚いたか、君には想像もつかないだろうね。どうして会社を辞めることにしたんだい？

F まず第一に、私がここでの時間をとても楽しんできたことをご理解ください。とても多くのことを学びました。こんなにすばらしい会社に勤務できたことを、私がどれほど誇りに思っているかは言うまでもありません。

M じゃあ、なにが問題なんだい？

F 人生の新しいページをめくる準備ができたんです。ずっと自分の会社を持ちたいと思っていたんですよ。ケータリングのビジネスを始めるつもりです。

M 前からずっと、君の料理の腕前がすばらしいことは聞いていたよ。でも、それが君が仕事としてやりたいことだったとは思いもしなかった。

F 私の人生でずっと、それこそがほんとうにやりたいことだったんです。ついにそれを思い切ってやってみる準備ができたと思っているんですよ。

Output B 集中して書く

日本語と英語の一部をヒントに、全文を書いてみよう!

1. これまでに学習したダイアローグの空欄部分を書いてみよう
2. Output A を見ながら解答を確認しよう
3. 解けなかった部分は Input B に戻って再学習しよう

M やあ、ジル。君の E メールをもらったから電話したんだ。僕が君の辞表を受け取ってどれほど驚いたか、君には想像もつかないだろうね。どうして会社を辞めることにしたんだい?

Hey Jill. I'm calling _____. You can't imagine _____ to receive your resignation. _____ _____ you are planning to leave the company?

F まず第一に、私がここでの時間をとても楽しんできたことをご理解ください。とても多くのことを学びました。こんなにすばらしい会社に勤務できたことを、私がどれほど誇りに思っているかは言うまでもありません。

First, you must _____ my time here. I've learned so much. _____ I am to have worked for such a great company.

M じゃあ、なにが問題なんだい?

So _____ then?

F 人生の新しいページをめくる準備ができたんです。ずっと自分の会社を持ちたいと思っていたんですよ。ケータリングのビジネスを始めるつもりです。

I'm just _____. _____ _____ own my own company. I'm going to open a catering business.

M 前からずっと、君の料理の腕前がすばらしいことは聞いていたよ。でも、それが君が仕事としてやりたいことだったとは思いもしなかった。

_____ you were a great cook. I never knew that was something _____ a career, though.

F 私の人生でずっと、それこそがほんとうにやりたいことだったんです。ついにそれを思い切ってやってみる準備ができたと思っているんですよ。

_____ my whole life. I think I'm finally ready to _____.

Output C もっとしゃべる・書く

類似の英作文にトライ！

1. ダイアローグに登場したフレーズを利用して、英作文しよう
2. 「正解をチェック！」のページで答えを確認し、間違った問題に再チャレンジしよう
3. 難しい場合は、**Input B** の波線の文を参照して再学習しよう
4. CD音声だけを聞きながら、英作文やシャドーイングにチャレンジしよう／⦿2-36

[1] 君のEメールをもらったから電話したんだ。
I'm calling **because** I just got your e-mail.

Ⓐ あなたの意見を知る必要があるので、おたずねしているんです。
_____

Ⓑ 休息が必要なので、今度の金曜はお休みするんです。
_____

Ⓒ 年老いた両親の具合がよくないから、引っ越しをするんです。
_____

[2] どうして会社を辞めることにしたんだい？
Why is it that you are planning to leave the company?

Ⓐ どうしていまだに独身なんだい？
_____

Ⓑ どうして、あなたはよく眠れないの？
_____

Ⓒ どうしてもっと早く、この問題について私に話さなかったんだ？
_____

[3] 前からずっと、君の料理の腕前がすばらしいことは聞いていたよ。
I always heard you were a great cook.

Ⓐ 前からずっと、東京は訪れるのにすばらしい場所だと聞いていました。
_____

Ⓑ 前からずっと、彼女が裕福な家庭の出だとは聞いていました。
_____

Ⓒ 前からずっと、そこが働くのによい会社だと聞いていました。
_____

<正解は p.164 で確認しよう>

Unit 23 昇進おめでとう
Congrats on Your Promotion

➡ Input A 聴き取り

穴埋めディクテーション!

1. CDのナチュラル音声でダイアローグを聴き、穴埋めしよう／⏺ 2-37
2. 難しいときは、CDのスロー・ナチュラル音声で穴埋めしよう／⏺ 2-38

M Hey Jennifer! I _____ _____ _____ _____ to head of the accounting _____. Congratulations!

F Thanks Jim. I must say I _____ _____ _____ _____. After all, I've only been _____ _____ company for _____ _____ more than two years. To be honest, I'm still _____ _____ _____.

M I'm sure you'll do fine. If upper management didn't think you could handle it, they _____ _____ _____ you that _____.

F I wish I had as much confidence in me as you do.

M _____ _____ _____ _____! You have more education and experience than anyone else in the department.

F There's still a lot to _____ _____. I'm _____ _____ _____ _____ the candle at both ends for awhile until I _____ _____ _____ things. That goes with the territory I guess.

➡️ Input B　聴き取り＋理解

センテンスごとに穴埋めの答えをチェック！

1. CDのナチュラル音声で解答をチェック＋英語に耳慣らししよう／● 2-37
2. 難しいときは、CDのスロー・ナチュラル音声で確認しよう／● 2-38
3. 日本語訳＋［文法］・［語い］・［発音］で理解を深めよう

Ⓜ Hey Jennifer! I **heard you got promoted** to head of the accounting **department**. Congratulations!

やあ、ジェニファー！ 経理部の部長に昇進したって聞いたよ。おめでとう！

- I heard (that) ...「…ということを聞いた」that 以降は名詞節。
- head「(部・課などの) 長」　accounting department「経理部」
- heard you の連結部では [d] + [j] で音が混じり合い [ジュ] に近い音に変化。got の末尾と department 中程の [t] 音は脱落。promoted の [t] 音は弾音化。

Ⓕ Thanks Jim. I must say I **didn't see it coming**. After all, I've only been **with the** company for **a little** more than two years. To be honest, I'm still **kind of nervous**.

ありがとう、ジム。白状すると、私、昇進するなんて思ってなかったのよ。だって、まだこの会社に入って2年とちょっとなんですもの。正直言って、まだなんとなく不安なの。

- I must say (that) ...「白状すると…」that 以降は名詞節。see it coming「それがやってくるのに気づく」see は知覚動詞。
- After all, ...「だって…なんだから」　a little more than ...「…より少し多い」 to be honest, ...「正直に言うと…」　kind of ...「なんとなく…」　nervous「不安な」
- didn't, it から [t] 音が脱落。with the では片方の [ð] 音が脱落。little で [t] 音が弾音化。kind の [d] 音が脱落しつつ of に連結。

Ⓜ I'm sure you'll do fine. If upper management didn't think you could handle it, they **wouldn't have given** you that **responsibility**.

君なら、きっと大丈夫だよ。上層部のほうで君がうまくやれると思わなければ、その責任を君に与えてはいなかったと思うよ。

- they wouldn't have given「与えなかっただろう」仮定法過去完了の表現。
- do fine「うまくやる」　upper management「上層部 (の経営陣)」　handle「対処する；うまく扱う」 responsibility「責任」
- wouldn't の [t] 音が脱落しつつ have に連結。responsibility では [t] 音が弾音化している。

🇫 I wish I had as much confidence in me as you do.

私にも、あなたみたいに自信があればいいのになあ。

- I wish I had ...「私に…があればなあ」仮定法過去の表現。
- as much confidence in me as you do「あなたがもっているのと同じくらいの自信」

🇲 **Don't be so modest**! You have more education and experience than anyone else in the department.

そんなに謙遜しちゃダメだよ！ 君は部内のだれよりも教育と経験があるじゃない。

- Don't be ...「…になるな」否定の命令文。
- modest「慎み深い；控えめな」 than anyone else「ほかのだれよりも」
- Don't は弱化。末尾の [t] 音が脱落。

🇫 There's still a lot to **learn though**. I'm **going to be burning** the candle at both ends for awhile until I **get used to** things. That goes with the territory I guess.

でも、まだ学ぶことも多いわ。いろいろと慣れるまでしばらくは、無理をしてでもがんばるつもり。たぶん、それも仕事のうちだものね。

- a lot to learn「学ぶべき多く（のこと）」
  burn the candle at both ends「(朝早くから夜遅くまで) 無理をしてがんばる」
  get used to things「いろいろなことに慣れる」
  That goes with the territory.「それも仕事のうちだ；それも仕方のないことだ」直訳すると、「それも状況・場所・受け持ち・仕事についてくるおまけだ」となる。
- learn though の連結部で [n] + [ð] が [n] 音に変化。going to は [ゴナ] と変化。get, used からは、末尾の [t] 音が脱落。

Unit 23 昇進おめでとう 153

◀ Output A　しゃべる

リピーティング・シャドーイング・音読しよう！

1. CDのスロー・ナチュラル音声に続いてパートごとにリピーティングしよう／●2-39
2. CDのスロー・ナチュラル音声に合わせて、全体を通してシャドーイングしよう／●2-38
3. CDのナチュラル音声に合わせて、全体を通してシャドーイングしよう／●2-37
4. 音読トレーニングでさらに英語を定着させよう

M Hey Jennifer! I **heard you got promoted** to head of the accounting **department**. Congratulations!

F Thanks Jim. I must say I **didn't see it coming**. After all, I've only been **with the** company for **a little** more than two years. To be honest, I'm still **kind of nervous**.

M I'm sure you'll do fine. If upper management didn't think you could handle it, they **wouldn't have given** you that **responsibility**.

F I wish I had as much confidence in me as you do.

M **Don't be so modest**! You have more education and experience than anyone else in the department.

F There's still a lot to **learn though**. I'm **going to be burning** the candle at both ends for awhile until I **get used to** things. That goes with the territory I guess.

◎ 全文訳 ◎

M やあ、ジェニファー！ 経理部の部長に昇進したって聞いたよ。おめでとう！

F ありがとう、ジム。白状すると、私、昇進するなんて思ってなかったのよ。だって、まだこの会社に入って2年とちょっとなんですもの。正直言って、まだなんとなく不安なの。

M 君なら、きっと大丈夫だよ。上層部のほうで君がうまくやれると思わなければ、その責任を君に与えてはいなかったと思うよ。

F 私にも、あなたみたいに自信があればいいのになあ。

M そんなに謙遜しちゃダメだよ！ 君は部内のだれよりも教育と経験があるじゃない。

F でも、まだ学ぶことも多いわ。いろいろと慣れるまでしばらくは、無理をしてでもがんばるつもり。たぶん、それも仕事のうちだものね。

Output B 集中して書く

日本語と英語の一部をヒントに、全文を書いてみよう!

1. これまでに学習したダイアローグの空欄部分を書いてみよう
2. Output A を見ながら解答を確認しよう
3. 解けなかった部分は Input B に戻って再学習しよう

M やあ、ジェニファー! 経理部の部長に昇進したって聞いたよ。おめでとう!

Hey Jennifer! I heard you _____ of the accounting department. Congratulations!

F ありがとう、ジム。白状すると、私、昇進するなんて思ってなかったのよ。だって、まだこの会社に入って2年とちょっとなんですもの。正直言って、まだなんとなく不安なの。

Thanks Jim. I must say _____. After all, I've only been with the company _____ two years. _____ kind of nervous.

M 君なら、きっと大丈夫だよ。上層部のほうで君がうまくやれると思わなければ、その責任を君に与えてはいなかったと思うよ。

I'm sure _____. If upper management didn't think _____ it, _____ that responsibility.

F 私にも、あなたみたいに自信があればいいのになあ。

_____ confidence in me as you do.

M そんなに謙遜しちゃダメだよ! 君は部内のだれよりも教育と経験があるじゃない。

_____! You have more _____ than anyone else in the department.

F でも、まだ学ぶことも多いわ。いろいろと慣れるまでしばらくは、無理をしてでもがんばるつもり。たぶん、それも仕事のうちだものね。

There's still _____ though. I'm going to be _____ until I get used to things. That _____ I guess.

Unit 23 昇進おめでとう 155

Output C もっとしゃべる・書く

類似の英作文にトライ！

1. ダイアローグに登場したフレーズを利用して、英作文しよう
2. 「正解をチェック！」のページで答えを確認し、間違った問題に再チャレンジしよう
3. 難しい場合は、**Input B** の波線の文を参照して再学習しよう
4. CD音声だけを聞きながら、英作文やシャドーイングにチャレンジしよう／2-40

[1] 白状すると、私、そうなるなんて思ってなかったんです。
I must say I didn't see it coming.

Ⓐ 白状すると、あんなことが起こるとは思ってなかったんです。
_____

Ⓑ 白状すると、あの選択をしたことをホントに後悔しているんです。
_____

Ⓒ 白状すると、うちが優勝してほんとうに驚いたんですよ。
_____

[2] 正直言って、まだなんとなく不安なんです。
To be honest, I'm still kind of nervous.

Ⓐ 正直に言うと、あの E メールを送ったのは私なんです。
_____

Ⓑ 正直に言うと、自分がこの地位にふさわしいのかわからないんです。
_____

Ⓒ 正直に言うと、あなたが私にくれたお金は、全部パチンコですってしまったんです。
_____

＊ be qualified for ... 「…に適任だ」

[3] でも、まだ学ぶことも多いんです。
There's still a lot to learn though.

Ⓐ ゲストの到着前に、まだ、たくさんやることがあります。
_____

Ⓑ 交渉がスタートする前に、まだ、たくさんやることがあります。
_____

Ⓒ 自分だけでそれができるようになる前に、まだ、たくさん学ぶべきことがあります。
_____

＊ do it on one's own「独力で行う」

<正解は p.164 で確認しよう>

Unit 24

Wi-Fi は無料、コーヒーは有料
Wi-Fi Is Free, Coffee Isn't

▶ Input A 聴き取り

穴埋めディクテーション！

1. CDのナチュラル音声でダイアローグを聴き、穴埋めしよう／ 2-41
2. 難しいときは、CDのスロー・ナチュラル音声で穴埋めしよう／ 2-42

F Excuse me. Do you have free wi-fi here?

M We sure do. _____ _____ _____ _____ _____ is select the wi-fi network "mainstreetcafe."

F What is the password?

M The password is the same as the network name. Your browser _____ _____ open to our home page. Once you _____ _____ _____ _____ _____ conditions, you can browse the internet.

F That's great. Thank you.

M We do require _____ _____ _____ _____ purchase a coffee if you're _____ _____ _____ _____ the café.

F I see. Of course. _____ _____ case I'll have a large caramel latte please.

M One caramel latte _____ _____ _____. _____ _____ like that in a mug or to-go cup?

F A mug is fine.

M _____ _____ _____. _____ _____ _____ _____ … $2.50 is your change. Enjoy!

➡️ Input B　聴き取り＋理解

センテンスごとに穴埋めの答えをチェック！

1. CDのナチュラル音声で解答をチェック＋英語に耳慣らししよう／🔵 2-41
2. 難しいときは、CDのスロー・ナチュラル音声で確認しよう／🔵 2-42
3. 日本語訳＋［文法］・［語い］・［発音］で理解を深めよう

F Excuse me. Do you have free wi-fi here?

すみません。こちらには無料の Wi-Fi 接続はありますか？

📖 Do you have ...「…はありますか？」　free「無料の」

M We sure do. **All you have to do** is select the wi-fi network "mainstreetcafe."

もちろんございます。「mainstreetcafe」という Wi-Fi のネットワークを選ぶだけで大丈夫ですよ。

📝 We sure do.「もちろんございます」do は have の代わりに用いられた代動詞。All you have to do「あなたがやらねばならないすべて」関係代名詞 that が省略されている。select「選ぶこと」原形不定詞が補語になっている。

📖 select「選ぶ」

👄 All you は［オーユ］のように発話。

F What is the password?

パスワードはなんでしょう？

📖 password「パスワード」

M The password is the same as the network name. Your browser **will automatically** open to our home page. Once you **agree to the terms and** conditions, you can browse the internet.

パスワードはネットワーク名と同じです。お客さまのブラウザが自動的に開いてうちの店のホーム・ページにつながります。利用条件にご同意いただけば、すぐにインターネットをブラウズできます。

📖 the same as ...「…と同じ」　automatically「自動的に」　open to ...「開いて…へ進む」
Once A, B.「A すればすぐに B だ；いったん A すると B だ」
terms and conditions「(利用などのための) 契約条件」

👄 automatically, to の [t] 音が弾音化している。terms and は連結。and 末尾の破裂音 [d] は脱落。

F That's great. Thank you.

すばらしいですね。ありがとう。

📖 great「すばらしい；よい」

M We do require **that you at least** purchase a coffee if you're **going to sit in** the café.

カフェの席をご利用されるのでしたら、少なくともコーヒーを1杯ご購入いただくことをお願いしております。

🔘 We do require that ...「…ということを要求する」 do は強調。

👄 that, at, least 末尾の [t] 音が脱落。going to は [ゴナ]。sit in では [t] 音が弾音化している。

F I see. Of course. **In that** case I'll have a large caramel latte please.

そうですね。もちろんです。でしたら、キャラメル・ラテのLサイズをください。

📖 In that case ...「でしたら…」 I'll have ... (please).「…をいただきます；…をください」

👄 In that では連結部で [n] + [ð] が [n] 音に変化。

M One caramel latte **coming right up**. **Would you** like that in a mug or to-go cup?

キャラメル・ラテをひとつ、すぐにご用意いたします。マグでお持ちしますか？ それともテイクアウト用にしますか？

📖 come right up「すぐに用意ができる；すぐに持ってくる」 Coming right up は注文を受けた店員が「すぐにできますので」というニュアンスで使う表現。 mug「マグ・カップ；ジョッキ」 to-go cup「テイクアウト用のカップ」

👄 coming 末尾の [g] 音が脱落。right up は連結部で [t] 音が弾音化。Would you の連結部では [d] + [j] が混じり合い、[ジュ] に近い音に変化。

F A mug is fine.

マグでかまいません。

M **That'll be $2.50. Out of $5.00** ... $2.50 is your change. Enjoy!

お会計は2ドル50セントになります。5ドルからですと…2ドル50セントのおつりですね。さあ、どうぞ！

📖 That'll be ...「合計額が…になる」 out of ...「…から」 change「おつり」 Enjoy!「さあ、どうぞ」

👄 That'll の [t] 音や Out of の連結部で弾音化が生じる。

Unit 24 Wi-Fi は無料、コーヒーは有料

◀ Output A しゃべる
リピーティング・シャドーイング・音読しよう！

1. CDのスロー・ナチュラル音声に続いてパートごとにリピーティングしよう／● 2-43
2. CDのスロー・ナチュラル音声に合わせて、全体を通してシャドーイングしよう／● 2-42
3. CDのナチュラル音声に合わせて、全体を通してシャドーイングしよう／● 2-41
4. 音読トレーニングでさらに英語を定着させよう

F Excuse me. Do you have free wi-fi here?

M We sure do. **All you have to do** is select the wi-fi network "mainstreetcafe."

F What is the password?

M The password is the same as the network name. Your browser **will automatically** open to our home page. Once you **agree to the terms and** conditions, you can browse the internet.

F That's great. Thank you.

M We do require **that you at least** purchase a coffee if you're **going to sit in** the café.

F I see. Of course. **In that** case I'll have a large caramel latte please.

M One caramel latte **coming right up. Would you** like that in a mug or to-go cup?

F A mug is fine.

M **That'll be $2.50. Out of $5.00** ... $2.50 is your change. Enjoy!

○ 全文訳 ○

F すみません。こちらには無料の Wi-Fi 接続はありますか？

M もちろんございます。「mainstreetcafe」という Wi-Fi のネットワークを選ぶだけで大丈夫ですよ。

F パスワードはなんでしょう？

M パスワードはネットワーク名と同じです。お客さまのブラウザが自動的に開いてうちの店のホーム・ページにつながります。利用条件にご同意いただけば、すぐにインターネットをブラウズできます。

F すばらしいですね。ありがとう。

M カフェの席をご利用されるのでしたら、少なくともコーヒーを1杯ご購入いただくことをお願いしております。

F そうですね。もちろんです。でしたら、キャラメル・ラテのLサイズをください。

M キャラメル・ラテをひとつ、すぐにご用意いたします。マグでお持ちしますか？　それともテイクアウト用にしますか？

F マグでかまいません。

M お会計は2ドル50セントになります。5ドルからですと…2ドル50セントのおつりですね。さあ、どうぞ！

Output B 集中して書く

日本語と英語の一部をヒントに、全文を書いてみよう！

1. これまでに学習したダイアローグの空欄部分を書いてみよう
2. Output A を見ながら解答を確認しよう
3. 解けなかった部分は Input B に戻って再学習しよう

F すみません。こちらには無料の Wi-Fi 接続はありますか？
_____. Do you have _____ here?

M もちろんございます。「mainstreetcafe」という Wi-Fi のネットワークを選ぶだけで大丈夫ですよ。
We sure do. _____ is select the wi-fi network "mainstreetcafe."

F パスワードはなんでしょう？
What is the password?

M パスワードはネットワーク名と同じです。お客さまのブラウザが自動的に開いてうちの店のホーム・ページにつながります。利用条件にご同意いただけば、すぐにインターネットをブラウズできます。
The password is _____. Your browser will _____ our home page. _____ _____ the terms and conditions, you can browse the internet.

F すばらしいですね。ありがとう。
That's great. Thank you.

M カフェの席をご利用されるのでしたら、少なくともコーヒーを1杯ご購入いただくことをお願いしております。
We do _____ a coffee if you're going to sit in the café.

F そうですね。もちろんです。でしたら、キャラメル・ラテのLサイズをください。
I see. Of course. _____ large caramel latte please.

M キャラメル・ラテをひとつ、すぐにご用意いたします。マグでお持ちしますか？ それともテイクアウト用にしますか？
One caramel latte _____. _____ in a mug or to-go cup?

F マグでかまいません。
A mug _____.

M お会計は2ドル50セントになります。5ドルからですと…2ドル50セントのおつりですね。さあ、どうぞ！
_____ $2.50. _____ $5.00 … $2.50 is your change. Enjoy!

Output C もっとしゃべる・書く

類似の英作文にトライ！

1. ダイアローグに登場したフレーズを利用して、英作文しよう
2. 「正解をチェック！」のページで答えを確認し、間違った問題に再チャレンジしよう
3. 難しい場合は、**Input B** の波線の文を参照して再学習しよう
4. CD音声だけを聞きながら、英作文やシャドーイングにチャレンジしよう／● 2-44

[1]　「mainstreetcafe」という Wi-Fi のネットワークを選ぶだけで大丈夫ですよ。
All you have to do is select the wi-fi network "mainstreetcafe."

　Ⓐ そのアイコンをクリックするだけで大丈夫ですよ。
　_____

　Ⓑ ちょうどそこにある、そのボタンを押すだけで大丈夫ですよ。
　_____

　Ⓒ 彼に助けを求めるだけで大丈夫ですよ。
　_____

[2]　利用条件にご同意いただければ、すぐにインターネットをブラウズできます。
Once you agree to the terms and conditions, you can browse the internet.

　Ⓐ 学位を取れば、すぐに仕事を見つけられますよ。
　_____

　Ⓑ 風邪が治ったら、すぐに旅行に行けるよ。
　_____

　Ⓒ ディズニー・ワールドへ行ったら、また行きたくなりますよ。
　_____

[3]　でしたら、キャラメル・ラテのLサイズをください。
In that case I'll have a large caramel latte please.

　Ⓐ でしたら、注意したほうがいいですね。
　_____

　Ⓑ だとしたら、遅刻しないように早めに出かけるべきだね。
　_____

　Ⓒ だとしたら、そのソフトウェアは買いたくないですね。
　_____

<正解は p.164 で確認しよう>

Answer Keys for Output C (Unit 19-24)
アウトプット C の正解をチェック！

Unit 19

[1] **A** This is usually where we eat lunch if we're in a hurry.
　　B This is usually where we catch a cab if we need one.
　　C This is usually where we play golf if the weather is good.

[2] **A** Are you sure you want to do that?
　　B Are you sure he's telling you the truth?
　　C Are you sure there's no other way to solve the problem?

[3] **A** If I were you I'd look for another job.
　　B If I were you I'd take a day off and just relax.
　　C If I were you I'd go see a doctor before you get worse.

Unit 20

[1] **A** I just can't understand why he fired me!
　　B I just can't understand why I'm so tired!
　　C I just can't understand why this cold won't go away.

[2] **A** I've been meaning to buy a new suit.
　　B I've been meaning to call you but I haven't had time.
　　C I've been meaning to ask you about that.

[3] **A** I can help you look for one if you like.
　　B I can help you carry that luggage if you like.
　　C I can help you wash dishes if you like.

Unit 21

[1] **A** Would you mind stopping at the store for me?
　　B Would you mind holding that door open for me?
　　C Would you mind calling a taxi for me?

[2] **A** I don't mind babysitting for you this weekend.
　　B I don't mind loaning you my notes from the lecture.
　　C I don't mind driving if we can take your car.

[3] **A** Just make sure you return this to me when you're finished with it.
　　B Just make sure you're making the right decision.
　　C Just make sure you lock the house when you leave.

Answer Keys for Output C (Unit 19-24)

Unit 22

[1] **A** I'm asking because I need to know your opinion.
  B I'm taking this Friday off because I need the rest.
  C I'm moving because my elderly parents aren't well.

[2] **A** Why is it that you are still single?
  B Why is it that you haven't been sleeping well?
  C Why is it that you didn't tell me about this problem sooner?

[3] **A** I always heard Tokyo was a great place to visit.
  B I always heard she came from a wealthy family.
  C I always heard that was a good company to work for.

Unit 23

[1] **A** I must say I never thought that would happen.
  B I must say I really regret making that choice.
  C I must say I was really surprised we won the championship.

[2] **A** To be honest, I'm the one who sent that e-mail.
  B To be honest, I'm not sure if I'm qualified for this position.
  C To be honest, I lost all the money you gave me playing pachinko.

[3] **A** There's still a lot to do before the guests arrive.
  B There's still a lot to do before the negotiations start.
  C There's still a lot to learn before I can do it on my own.

Unit 24

[1] **A** All you have to do is click that icon.
  B All you have to do is push that button right there.
  C All you have to do is ask him for his help.

[2] **A** Once you get your degree you can find a job.
  B Once you get over your cold we can take a trip.
  C Once you visit Disney World you'll want to go back.

[3] **A** In that case you had better be careful.
  B In that case I should leave early to avoid being late.
  C In that case I don't want to buy that software.

Unit 25 コンサートへの招待
Invitation to a Concert

➡ Input A 聴き取り
穴埋めディクテーション！

1. CDのナチュラル音声でダイアローグを聴き、穴埋めしよう／● 2-45
2. 難しいときは、CDのスロー・ナチュラル音声で穴埋めしよう／● 2-46

M I tried to call you yesterday, _____ _____ _____ _____!

F _____ _____ _____. I've been having trouble with my cell phone _____. I dropped it last week and since then _____ _____ _____ working right.

M Do you have _____ _____? If you do then the store _____ _____ _____ for free.

F I do, but I _____ _____ _____ to _____ _____ _____ _____ new one. So _____ _____ _____ call yesterday?

M I have two tickets to the Bon Jovi concert this weekend. _____ _____ _____ if you _____ _____ _____ _____.

F Absolutely! You know Bon Jovi is my favorite!

M The concert is at 9 o'clock on Saturday. _____ _____ _____ I pick you up around seven?

F That sounds great. _____ _____ _____ _____!

➡️ Input B 聴き取り＋理解

センテンスごとに穴埋めの答えをチェック！

1. CDのナチュラル音声で解答をチェック＋英語に耳慣らししよう／🔵2-45
2. 難しいときは、CDのスロー・ナチュラル音声で確認しよう／🔵2-46
3. 日本語訳＋［文法］・［語い］・［発音］で理解を深めよう

Ⓜ️ I tried to call you yesterday, **but you didn't answer**!

昨日、君に電話しようとしたけど、出なかったね！

- 🎲 tried to ...「…しようとした」不定詞の名詞的用法。
- 📖 call「電話する」 answer「電話に出る・応答する」
- 👄 but you の連結部［ t ］＋［ j ］で音が混じり合い［チュ］に近い音に変化。didn't 末尾の［ t ］音は脱落。

🄕 **Sorry about that**. I've been having trouble with my cell phone **lately**. I dropped it last week and since then **it hasn't been** working right.

それは悪かったわ。近頃、携帯電話がトラブっているのよ。先週、落としたんだけど、それ以来、ちゃんと動かないの。

- 🎲 I've been having trouble「ずっと問題を抱えている」現在完了進行形。
- 📖 cell phone「携帯電話」 drop「落とす」 since then「それ以来」 work right「ちゃんと動作する」
- 👄 about, that, lately, hasn't から［ t ］音が脱落。been は弱化して［ビン］と発話。

Ⓜ️ Do you have **it insured**? If you do then the store **should replace it** for free.

保険は掛けてあるの？ 掛けているのなら、お店が無料で交換してくれるはずだよ。

- 🎲 have it insured「それに保険を掛けてある」have は使役動詞。
- 📖 If you do then ...「もしそうなら…」 replace「交換する」 for free「無料で」
- 👄 it insured の連結部で［ t ］音が弾音化。should, it 末尾の破裂音が脱落。

🄕 I do, but I **haven't had time** to **go and get a** new one. So **why did you** call yesterday?

掛けているけど、新しいのを受け取りにいく時間がなかったのよ。で、昨日はどうして電話をかけてきたの？

- time to go and get「受け取りにいく時間」不定詞の形容詞的用法。new one「新しいもの」one は cell phone の代わりに用いられている。
- haven't, had, and 末尾から破裂音が脱落。get a は連結部で [t] 音が弾音化。did you の連結部で [d] + [j] が混じり合い、[ジュ] に近い音に変化。

Ⓜ I have two tickets to the Bon Jovi concert this weekend. **I was wondering** if you **wanted to go**.

この週末のボン・ジョヴィのコンサート・チケットが2枚あるんだ。君は行きたいのかなあと思ってさ。

- I was wondering if …「…かどうかと思い巡らす」if 以降は名詞節。
- ticket to …「…の入場券」
- was は弱化して [wz] と発話。wondering, wanted 末尾の破裂音が脱落。wanted, to の [t] 音は弾音化している。

Ⓕ Absolutely! You know Bon Jovi is my favorite!

もちろんよ！ 私がボン・ジョヴィの大ファンなのは知ってるでしょ！

- Absolutely!「絶対に！；もちろん！」 You know …「…を知ってるでしょ」

Ⓜ The concert is at 9 o'clock on Saturday. **How about if** I pick you up around seven?

コンサートは土曜日の9時だよ。7時頃に僕が君を車で迎えにいくのでどう？

- How about if …?「…ならどう」if は名詞節を導く。
- pick … up「…を車で拾う」
- about は弱化。about if の連結部で [t] 音が弾音化。

Ⓕ That sounds great. **I can't wait!**

いいわね。待ちきれないわ！

- A sounds B.「A は B に聞こえる」SVC の文型。
- can't wait「待ちきれない；とても待ち遠しい」
- can't 末尾の [t] 音が脱落。

Unit 25 コンサートへの招待

⬅ Output A しゃべる
リピーティング・シャドーイング・音読しよう！

1. CDのスロー・ナチュラル音声に続いてパートごとにリピーティングしよう／● 2-47
2. CDのスロー・ナチュラル音声に合わせて、全体を通してシャドーイングしよう／● 2-46
3. CDのナチュラル音声に合わせて、全体を通してシャドーイングしよう／● 2-45
4. 音読トレーニングでさらに英語を定着させよう

M I tried to call you yesterday, **but you didn't answer**!

F **Sorry about that**. I've been having trouble with my cell phone **lately**. I dropped it last week and since then **it hasn't been** working right.

M Do you have **it insured**? If you do then the store **should replace it** for free.

F I do, but I **haven't had time** to **go and get a** new one. So **why did you** call yesterday?

M I have two tickets to the Bon Jovi concert this weekend. **I was wondering** if you **wanted to go**.

F Absolutely! You know Bon Jovi is my favorite!

M The concert is at 9 o'clock on Saturday. **How about if** I pick you up around seven?

F That sounds great. **I can't wait**!

◎ 全文訳 ◎

M 昨日、君に電話しようとしたけど、出なかったね！

F それは悪かったわ。近頃、携帯電話がトラブっているのよ。先週、落としたんだけど、それ以来、ちゃんと動かないの。

M 保険は掛けてあるの？掛けているのなら、お店が無料で交換してくれるはずだよ。

F 掛けているけど、新しいのを受け取りにいく時間がなかったのよ。で、昨日はどうして電話をかけてきたの？

M この週末のボン・ジョヴィのコンサート・チケットが 2 枚あるんだ。君は行きたいのかなあと思ってさ。

F もちろんよ！私がボン・ジョヴィの大ファンなのは知ってるでしょ！

M コンサートは土曜日の 9 時だよ。7 時頃に僕が君を車で迎えにいくのでどう？

F いいわね。待ちきれないわ！

Output B 集中して書く

日本語と英語の一部をヒントに、全文を書いてみよう！

1. これまでに学習したダイアローグの空欄部分を書いてみよう
2. Output A を見ながら解答を確認しよう
3. 解けなかった部分は Input B に戻って再学習しよう

M 昨日、君に電話しようとしたけど、出なかったね！
_____ you yesterday, but you didn't _____!

F それは悪かったわ。近頃、携帯電話がトラブっているのよ。先週、落としたんだけど、それ以来、ちゃんと動かないの。
_____ that. I've been _____ my cell phone lately. I dropped it last week and since then it _____ _____.

M 保険は掛けてあるの？ 掛けているのなら、お店が無料で交換してくれるはずだよ。
Do you _____? _____ then the store _____ _____.

F 掛けているけど、新しいのを受け取りにいく時間がなかったのよ。で、昨日はどうして電話をかけてきたの？
I do, but I haven't had time _____ a new one. So _____ _____ yesterday?

M この週末のボン・ジョヴィのコンサート・チケットが2枚あるんだ。君は行きたいのかなあと思ってさ。
I have two tickets to the Bon Jovi concert this weekend. _____ _____ wanted to go.

F もちろんよ！ 私がボン・ジョヴィの大ファンなのは知っているでしょ！
Absolutely! You know Bon Jovi is my favorite!

M コンサートは土曜日の9時だよ。7時頃に僕が君を車で迎えにいくのでどう？
The concert is at 9 o'clock on Saturday. _____ _____ around seven?

F いいわね。待ちきれないわ！
That sounds great. _____!

Unit 25 コンサートへの招待　169

Output C もっとしゃべる・書く

類似の英作文にトライ！

1. ダイアローグに登場したフレーズを利用して、英作文しよう
2. 「正解をチェック！」のページで答えを確認し、間違った問題に再チャレンジしよう
3. 難しい場合は、**Input B** の波線の文を参照して再学習しよう
4. CD音声だけを聞きながら、英作文やシャドーイングにチャレンジしよう／ 2-48

[1] 昨日、君に電話しようとしたけど、出なかったね！
I tried to call you yesterday, **but** you didn't answer!

Ⓐ 試験勉強をしようとしたけど、眠っちゃったんだ！
_____

Ⓑ 中国語を学ぼうとしたんですが、あまりに難しかったんですよ。
_____

Ⓒ どうすればいいか彼に伝えようとしましたが、どうしても聞いてくれませんでした！
_____

[2] 新しいのを受け取りにいく時間がなかったんです。
I haven't had time to go and get a new one.

Ⓐ あの映画が観たいけど、行く時間がなかったんです。
_____

Ⓑ あの新しいレストランを試してみたいけど、時間がなかったんです。
_____

Ⓒ この歯を抜いてもらう必要があるんですが、歯医者に行く時間がなかったんです。
_____

[3] 7時頃に僕が君を車で迎えにいくのでどう？
How about if I pick you up around seven?

Ⓐ 今日の夕食に、出前を取るのはどう？
_____

Ⓑ 僕らが両親のところに引っ越すのはどう？
_____

Ⓒ 生活費の足しに私がパートで働くのはどう？
_____

＊ order in「出前を取る」　help make ends meet「生計を立てる助けにする」

＜正解は p.201 で確認しよう＞

Unit 26 ライターを借りる
Borrowing a Lighter

▶ Input A 聴き取り

穴埋めディクテーション！

1. CDのナチュラル音声でダイアローグを聴き、穴埋めしよう／●3-1
2. 難しいときは、CDのスロー・ナチュラル音声で穴埋めしよう／●3-2

F Do you have _____ _____ _____ _____ I can borrow?

M Sure. _____ _____ _____ yours?

F I _____ _____ _____ _____ _____ my car.
I _____ _____ several spares in my desk drawer, _____
_____ _____ _____ _____ .

M I know how you feel. I go from having three lighters in my _____
_____ _____ _____ ! Make sure you give this _____
_____ _____ me!

F Haha. If I _____ , _____ me. _____ _____
how you _____ _____ _____ _____ _____
_____ _____ one in your pocket.

M _____ _____ _____ mention it ... I have another one in my
coat. You can just _____ _____ _____ _____ one.

F Thanks! _____ _____ I won't have to bother you next time
_____ _____ _____ _____ .

🔊 Input B　聴き取り＋理解

センテンスごとに穴埋めの答えをチェック！

1. CDのナチュラル音声で解答をチェック＋英語に耳慣らししよう／🔊3-1
2. 難しいときは、CDのスロー・ナチュラル音声で確認しよう／🔊3-2
3. 日本語訳＋［文法］・［語い］・［発音］で理解を深めよう

F Do you have **a lighter on you** I can borrow?

私に貸せるライターってある？

- on you「(あなたが) 身につけて；持って」所持を表す。a lighter (that) I can borrow「私が借りられるライター」関係代名詞の目的格が省略されている。
- lighter「ライター」
- lighter の破裂音 [t] が弾音化している。

M Sure. **What happened to** yours?

あるよ。君のはどうしちゃったの？

- What happened to ...?「なにが…に起こったの？」疑問詞が文の主語になっている。
- yours「あなたのもの」your lighter の代わりに所有代名詞を用いた例。
- What happened の連結部や to で破裂音 [t] が弾音化。

F I **must have left it in** my car. I **usually have** several spares in my desk drawer, **but I can't find them**.

きっと車に置いてきちゃったんだと思う。いつもは机の引き出しにいくつかスペアを置いているんだけど、ないのよね。

- must have left「置いてきたに違いない」must は強い確信を表す。
- spare「予備のもの；スペア」　drawer「引き出し」
- must have は連結、末尾の [v] 音が脱落。left it in は連結。it in, but I の連結部で [t] 音が弾音化している。usually have の have は弱化して [ァヴ] と発話。can't 末尾の破裂音が脱落。them は弱化し [ェム] と発話。

M I know how you feel. I go from having three lighters in my **pocket to having none**! Make sure you give this **one back to** me!

わかるよ。僕は、ライターを3つポケットに入れていて、全部なくなっちゃうことがあるよ！ このライターは、きちんと僕に返してよね！

172

- ◯ Make sure (that) you ... 「君が…するのをちゃんと忘れないで」that 以降は名詞節。
- 📘 I know how you feel. は共感の表現。直訳すると「君がどう感じているかはわかる」となる。 go from A to B 「A から B になる」
- 👄 pocket, having, back 末尾の破裂音が脱落。

F Haha. If I **forget, just remind** me. **It's funny** how you **get into a habit of just putting** one in your pocket.

アハハ。もし忘れたら、思い出させてよね。ライターを何気なくポケットに突っ込んじゃうのが癖になっちゃうのっておもしろいわよね。

- ◯ It's funny how ... 「…はおもしろい」how は関係副詞。 how が名詞節を作る that と同じ働きをしている例。
- 📘 remind 「思い出させる」 get into a habit of ... 「…の癖がつく」
- 👄 forget, just, remind, get の末尾から破裂音が脱落。It's は弱化。habit of の連結部や putting で [t] 音が弾音化。

M **Now that you** mention it ... I have another one in my coat. You can just **hang on to that** one.

そう言えば…僕はライターをもうひとつコートに持ってるなあ。それは取っておいていいよ。

- ◯ Now that you mention it, ... 「そう言われると…；そう言えば…」
- 📘 hang on to ... 「…を手放さず取っておく」
- 👄 that you の連結部で [t] + [j] の音が混じり合い [チュ] に近い音に変化。to の [t] 音が弾音化。that は末尾の [t] 音が脱落している。

F Thanks! **That way** I won't have to bother you next time **I want to smoke**.

ありがとう！ それなら、今度タバコを吸いたくなっても、あなたに面倒をかけずに済むわね。

- ◯ next time ... 「次に…するときに」時間を表す副詞節を導く。
- 📘 That way ... 「そうすれば…；それなら…」 bother 「面倒をかける」 smoke 「タバコを吸う」
- 👄 That 末尾の [t] 音が脱落。want to は [ワナ] と変化。

Unit 26 ライターを借りる 173

◀ Output A しゃべる
リピーティング・シャドーイング・音読しよう！

1. CDのスロー・ナチュラル音声に続いてパートごとにリピーティングしよう／🔘3-3
2. CDのスロー・ナチュラル音声に合わせて、全体を通してシャドーイングしよう／🔘3-2
3. CDのナチュラル音声に合わせて、全体を通してシャドーイングしよう／🔘3-1
4. 音読トレーニングでさらに英語を定着させよう

F Do you have **a lighter on you** I can borrow?

M Sure. **What happened to** yours?

F I **must have left it in** my car. I **usually have** several spares in my desk drawer, **but I can't find them**.

M I know how you feel. I go from having three lighters in my **pocket to having none**! Make sure you give this **one back to** me!

F Haha. If I **forget, just remind** me. **It's funny** how you **get into a habit of just putting** one in your pocket.

M **Now that you** mention it ... I have another one in my coat. You can just **hang on to that** one.

F Thanks! **That way** I won't have to bother you next time **I want to smoke**.

◎ 全文訳 ◎

F 私に貸せるライターってある？

M あるよ。君のはどうしちゃったの？

F きっと車に置いてきちゃったんだと思う。いつもは机の引き出しにいくつかスペアを置いているんだけど、ないのよね。

M わかるよ。僕は、ライターを3つポケットに入れていて、全部なくなっちゃうことがあるよ！ このライターは、きちんと僕に返してよね！

F アハハ。もし忘れたら、思い出させてよね。ライターを何気なくポケットに突っ込んじゃうのが癖になっちゃうのっておもしろいわよね。

M そう言えば…僕はライターをもうひとつコートに持ってるなあ。それは取っておいていいよ。

F ありがとう！ それなら、今度タバコを吸いたくなっても、あなたに面倒をかけずに済むわね。

Output B 集中して書く

日本語と英語の一部をヒントに、全文を書いてみよう!

1. これまでに学習したダイアローグの空欄部分を書いてみよう
2. Output A を見ながら解答を確認しよう
3. 解けなかった部分は Input B に戻って再学習しよう

F 私に貸せるライターってある?
Do you have a lighter _____?

M あるよ。君のはどうしちゃったの?
Sure. _____ yours?

F きっと車に置いてきちゃったんだと思う。いつもは机の引き出しにいくつかスペアを置いているんだけど、ないのよね。
I _____ in my car. I _____ in my desk drawer, but I can't find them.

M わかるよ。僕は、ライターを 3 つポケットに入れていて、全部なくなっちゃうことがあるよ! このライターは、きちんと僕に返してよね!
I know _____. I go from having three lighters in my pocket _____! _____ this one back to me!

F アハハ。もし忘れたら、思い出させてよね。ライターを何気なくポケットに突っ込んじゃうのが癖になっちゃうのっておもしろいわよね。
Haha. If I forget, just _____. It's funny _____ _____ just putting one in your pocket.

M そう言えば…僕はライターをもうひとつコートに持ってるなあ。それは取っておいていいよ。
_____ mention it ... I have another one in my coat. You can just _____ one.

F ありがとう! それなら、今度タバコを吸いたくなっても、あなたに面倒をかけずに済むわね。
Thanks! _____ you next time ____ _____.

Unit 26 ライターを借りる   175

Output C もっとしゃべる・書く

類似の英作文にトライ！

1. ダイアローグに登場したフレーズを利用して、英作文しよう
2. 「正解をチェック！」のページで答えを確認し、間違った問題に再チャレンジしよう
3. 難しい場合は、**Input B** の波線の文を参照して再学習しよう
4. CD音声だけを聞きながら、英作文やシャドーイングにチャレンジしよう／ 3-4

[1] 私に貸せるライターってある？
Do you have a lighter on you **I can borrow?**

Ⓐ 私に貸せるペンってある？
_____

Ⓑ 私に貸せる携帯の充電器ってある？
_____

Ⓒ 私に 10 ドル貸してもらえるかなあ？
_____

＊ phone charger「携帯充電器」

[2] そう言えば…僕はもうひとつコートに持ってるなあ。
Now that you mention it ... I have another one in my coat.

Ⓐ そう言えば…電車の定期券を更新するのを忘れてた。
_____

Ⓑ そう言えば…私たち、1 年以上あそこへは行ってないわねえ！
_____

Ⓒ そう言えば…僕も彼女の名前を思い出せないなあ。
_____

＊ in over a year「1 年以上」

[3] それなら、今度タバコを吸いたくなっても、あなたに面倒をかけずに済むわね。
That way I won't have to bother you next time I want to smoke.

Ⓐ そうすれば、タクシーに乗らなくて済むね。
_____

Ⓑ そうすれば、少しもお金を借りなくて済むね。
_____

Ⓒ そうすれば、新しいコンピューターにお金をかけなくて済むね。
_____

<正解は p.201 で確認しよう>

Unit 27 遅いわよ！ You're Late!

➡️ Input A 聴き取り

穴埋めディクテーション！

1. CDのナチュラル音声でダイアローグを聴き、穴埋めしよう／●3-5
2. 難しいときは、CDのスロー・ナチュラル音声で穴埋めしよう／●3-6

F You _____ _____ _____ _____ here thirty minutes ago! _____ _____?

M I guess there was an accident on the I-10. _____ _____ _____ seen the _____ _____! Traffic was backed up for miles! My commute usually takes fifteen minutes. Today it took over an hour!

F Well you're lucky because the boss _____ _____ _____ _____.

M _____ _____ surprise me if he _____ _____ _____ traffic too. Are you ready for the presentation?

F I'm _____ _____ _____ my part. _____ _____ bring the charts _____ _____ _____?

M Oh my gosh! I _____ _____ _____ home on the kitchen table!

F I can't believe you forgot them! _____ _____ _____ _____ _____ do?!

M It's okay. I'll have my wife _____ _____ to me. _____ only take a few minutes.

Unit 27 遅いわよ！ 177

🎧 Input B 聴き取り＋理解

センテンスごとに穴埋めの答えをチェック！

1. CDのナチュラル音声で解答をチェック＋英語に耳慣らししよう／⦿3-5
2. 難しいときは、CDのスロー・ナチュラル音声で確認しよう／⦿3-6
3. 日本語訳＋［文法］・［語い］・［発音］で理解を深めよう

F You **were supposed to be** here thirty minutes ago! **What happened**?

あなたはここに 30 分前に来てるはずだったでしょ！ どうしたのよ？

- What happened?「なにがあったの？；どうしたの」疑問詞が主語の疑問文。
- be supposed to ...「(当然) …するはずだ」
- supposed の [z] 音が [s] に変化、末尾の [d] 音は脱落する。What happened の連結部で [t] 音が弾音化している。

M I guess there was an accident on the I-10. **You should have** seen the **traffic jam**! Traffic was backed up for miles! My commute usually takes fifteen minutes. Today it took over an hour!

おそらく 10 号線で事故があったんだろうね。あの交通渋滞を君に見せたかったよ！ 何マイルも渋滞してたんだよ！ いつもは僕の通勤は 15 分なんだ。今日は 1 時間以上かかったんだよ！

- I guess (that) ...「おそらく…だろうと思う」that 以降は名詞節。
- You should have seen ...「君に…を見せたかった」直訳すると「君は…を見るべきだったんだ (が見なかった)」となる。ここから転じて「君に見せたかったよ」というニュアンスで用いられている。
  be backed up「渋滞になる」
- should から末尾の [d] 音が脱落。traffic の [tr] で [t] 音が [チュ] に近い音に変化。末尾の [k] 音が脱落。

F Well you're lucky because the boss **isn't here yet either**.

まあ、まだボスもここに来ていないから、あなた、ラッキーよね。

- because ...「…だから」理由を表す副詞節。
- ... not ... either「…もまた…ない」
- isn't から末尾の [t] 音が脱落。yet either は連結部で [t] 音が弾音化している。

M **It wouldn't** surprise me if he **got stuck in** traffic too. Are you ready for the presentation?

178

彼も渋滞に引っかかっていてもおかしくはないよ。プレゼンテーションの準備はできているの？

- It wouldn't surprise me if ...「…でも私は驚かない；…してもおかしくない」仮定法表現。
- get stuck in traffic「交通渋滞に引っかかる」　be ready for ...「…の準備ができている」 presentation「プレゼンテーション」
- 文頭の It はほとんど音が消えてしまっている。wouldn't は末尾の [t] 音が脱落。stuck in は連結。

F I'm **ready to do** my part. **Did you** bring the charts **I asked for**?

自分のパートをやる準備はできているわ。頼んでおいたチャートは持ってきた？

- the charts I asked for「私が頼んだ図表」目的格の関係代名詞 that が省略されている。
- one's part「その人の（やるべき）部分」　chart「チャート；図表；グラフ」
- to の [t] 音が弾音化している。Did you は連結部で [d] + [j] の音が混じり合い [ジュ] に近い音に変化。asked からは途中の [k] 音が脱落。

M Oh my gosh! I **left them at** home on the kitchen table!

ああ、しまった！　うちのキッチン・テーブルの上に忘れてきちゃった！

- gosh は god の代わりに用いられている。
- left に弱化した them [ェム] が連結。

F I can't believe you forgot them! **What are we going to** do?!

それを忘れるなんて信じられないわ！　どうするのよ？

- I can't believe (that) ...「…なんて信じられない」that 以降は名詞節。
- forget「忘れる」
- What are の連結部で破裂音 [t] が弾音化。going to は [ゴナ] と変化。

M It's okay. I'll have my wife **fax them** to me. **It'll** only take a few minutes.

大丈夫。それは、妻にファックスさせるよ。すぐに終わるから。

- have my wife fax「妻にファックスさせる」have は使役動詞。
- fax に弱化した them [ェム] が連結。It'll では [t] 音が弾音化。

◀ Output A　しゃべる
リピーティング・シャドーイング・音読しよう！

1. CDのスロー・ナチュラル音声に続いてパートごとにリピーティングしよう／● 3-7
2. CDのスロー・ナチュラル音声に合わせて、全体を通してシャドーイングしよう／● 3-6
3. CDのナチュラル音声に合わせて、全体を通してシャドーイングしよう／● 3-5
4. 音読トレーニングでさらに英語を定着させよう

F You **were supposed to be** here thirty minutes ago! **What happened**?

M I guess there was an accident on the I-10. **You should have** seen the **traffic jam**! Traffic was backed up for miles! My commute usually takes fifteen minutes. Today it took over an hour!

F Well you're lucky because the boss **isn't here yet either**.

M **It wouldn't** surprise me if he **got stuck in** traffic too. Are you ready for the presentation?

F I'm **ready to do** my part. **Did you** bring the charts **I asked for**?

M Oh my gosh! I **left them at** home on the kitchen table!

F I can't believe you forgot them! **What are we going to** do?!

M It's okay. I'll have my wife **fax them** to me. **It'll** only take a few minutes.

◎ 全文訳 ◎

F あなたはここに30分前に来てるはずだったでしょ！ どうしたのよ？

M おそらく10号線で事故があったんだろうね。あの交通渋滞を君に見せたかったよ！ 何マイルも渋滞してたんだよ！ いつもは僕の通勤は15分なんだ。今日は1時間以上かかったんだよ！

F まあ、まだボスもここに来ていないから、あなた、ラッキーよね。

M 彼も渋滞に引っかかっていてもおかしくはないよ。プレゼンテーションの準備はできているの？

F 自分のパートをやる準備はできているわ。頼んでおいたチャートは持ってきた？

M ああ、しまった！ うちのキッチン・テーブルの上に忘れてきちゃった！

F それを忘れるなんて信じられないわ！ どうするのよ？

M 大丈夫。それは、妻にファックスさせるよ。すぐに終わるから。

Output B 集中して書く

日本語と英語の一部をヒントに、全文を書いてみよう！

1. これまでに学習したダイアローグの空欄部分を書いてみよう
2. Output A を見ながら解答を確認しよう
3. 解けなかった部分は Input B に戻って再学習しよう

F あなたはここに 30 分前に来てるはずだったでしょ！ どうしたのよ？
You _____ here thirty minutes ago! What _____?

M おそらく 10 号線で事故があったんだろうね。あの交通渋滞を君に見せたかったよ！ 何マイルも渋滞してたんだよ！ いつもは僕の通勤は 15 分なんだ。今日は 1 時間以上かかったんだよ！
_____ accident on the I-10. _____
_____ the traffic jam! _____ up for miles! My commute usually takes fifteen minutes. Today it took _____!

F まあ、まだボスもここに来ていないから、あなた、ラッキーよね。
Well you're lucky _____ yet either.

M 彼も渋滞に引っかかっていてもおかしくはないよ。プレゼンテーションの準備はできているの？
_____ he got stuck in traffic too. _____
_____ the presentation?

F 自分のパートをやる準備はできているわ。頼んでおいたチャートは持ってきた？
I'm ready _____. Did you bring _____
_____?

M ああ、しまった！ うちのキッチン・テーブルの上に忘れてきちゃった！
_____! I left them at home on the kitchen table!

F それを忘れるなんて信じられないわ！ どうするのよ？
_____ forgot them! What _____ do?!

M 大丈夫。それは、妻にファックスさせるよ。すぐに終わるから。
It's okay. I'll _____ to me. It'll only _____
_____.

Unit 27 遅いわよ！ 181

Output C もっとしゃべる・書く

類似の英作文にトライ！

1. ダイアローグに登場したフレーズを利用して、英作文しよう
2. 「正解をチェック！」のページで答えを確認し、間違った問題に再チャレンジしよう
3. 難しい場合は、Input B の波線の文を参照して再学習しよう
4. CD音声だけを聞きながら、英作文やシャドーイングにチャレンジしよう／●3-8

[1] 彼も渋滞に引っかかっていてもおかしくはないですよ。
It wouldn't surprise me if he got stuck in traffic too.

Ⓐ 盗んだことで会社が彼をクビにしてもおかしくはないですよ。
_____

Ⓑ 円が続落してもおかしくはないですよ。
_____

Ⓒ 総理大臣が辞めさせられたとしてもおかしくはないですよ。
_____

＊ they fire him「会社が彼をクビにする」　continue to ...「引き続き…する」　weaken「下落する；弱まる」

[2] 自分のパートをやる準備はできています。
I'm ready to do my part.

Ⓐ 試合を始める準備はできています。
_____

Ⓑ テストに合格する準備はできています。
_____

Ⓒ あなたの準備が整えば、いつでも出かける準備ができています。
_____

[3] それは、妻から私にファックスさせるよ。
I'll have my wife fax them to me.

Ⓐ ベルボーイにお部屋まで荷物を運ばせます。
_____

Ⓑ マネージャーが到着したら、電話させますので。
_____

Ⓒ 明日、息子にあなたのおばあさんをちょっと訪ねさせますよ。
_____

＊ bellhop「ベルボーイ」　look in on ...「…をちょっと訪ねる；ちょっと覗く」

<正解は p.201 で確認しよう>

Unit 28

新しい先生の評価
Grading the New Teacher

Input A 聴き取り

穴埋めディクテーション！

1. CDのナチュラル音声でダイアローグを聴き、穴埋めしよう／ 3-9
2. 難しいときは、CDのスロー・ナチュラル音声で穴埋めしよう／ 3-10

F What's your impression of the new history teacher?

M I _____ _____ _____ _____. His lectures _____ _____, at least. That's a step-up from our teacher last year.

F I don't like the _____ _____ gives "pop" quizzes though. That makes _____ _____ _____ _____ good grades, in my opinion.

M I'm with you there. _____ _____ _____ it does force people to pay attention in class though. I have a feeling that _____ _____ _____ assign _____ _____ _____ homework. That's no fun.

F Get this. He's only been here for two weeks, and I heard he already _____ the school nurse _____ _____ _____ _____!

M _____ _____! Really?! I thought she was married!

F That's the rumor.

▶ Input B 聴き取り＋理解

センテンスごとに穴埋めの答えをチェック！

1. CDのナチュラル音声で解答をチェック＋英語に耳慣らししよう／ 3-9
2. 難しいときは、CDのスロー・ナチュラル音声で確認しよう／ 3-10
3. 日本語訳＋［文法］・［語い］・［発音］で理解を深めよう

F What's your impression of the new history teacher?

新しい歴史の先生の印象はどう？

📕 impression「印象」

M I **kind of like him**. His lectures **are entertaining**, at least. That's a step-up from our teacher last year.

なんとなく気に入ってるよ。少なくとも講義はおもしろいね。去年の先生よりもましだね。

📕 kind of ...「なんとなく…；ある種…」 lecture「講義」 entertaining「おもしろい；愉快な」
a step-up「(前よりも) ましなもの；向上したもの；一段上」

👄 kind が of に連結。of 末尾の［v］音は脱落している。like が弱化した him［ィム］に連結。
entertaining の最初の［t］音が脱落。

F I don't like the **fact that he** gives "pop" quizzes though. That makes **it tougher to get** good grades, in my opinion.

でも、先生が急に小テストをやるのがいやなのよね。いい成績を取るのが難しくなるわ、私の意見ではね。

🔖 I don't like the fact that ...「…という事実［こと］が好きではない」that ... 以降は名詞節。 that makes it tougher「そのせいで、それがより難しくなる」SVOC の構文。 tougher「より難しい」tougher は tough の比較級。

📕 pop quiz「抜き打ちの小テスト」 good grades「よい成績」 in one's opinion「…の意見では」

👄 fact, it 末尾の［t］音が脱落。that は弱化した he［ィー］に連結。連結部では［t］音が弾音化している。to の［t］音も弾音化。

M I'm with you there. **But I guess** it does force people to pay attention in class though. I have a feeling that **he's going to** assign **a lot of** homework. That's no fun.

そこは僕も同感だね。でも、そのおかげで、みんなに強制的にクラスで集中させてるんだろうね。僕は、彼がたくさん宿題を出しそうな気がするよ。そうなると最悪だね。

- 🔵 I guess (that) ...「…だろうと思う」that 以降は名詞節。 does force「強制する」does は force を強調している。
- 📖 I'm with you.「私もあなたと同意見だ」同意・共感を表す言い回し。 pay attention「注意を払う」 assign「割り当てる」 homework「宿題」
- 👄 But I, lot of の連結部で [t] 音が弾音化。going to は [ゴナ] と変化。

F Get this. He's only been here for two weeks, and I heard he already **asked** the school nurse **out on a date**!

聞いてくれる。彼、まだここに来て2週間よね、で、もう保健室の先生にデートを申し込んだんだって！

- 🔵 He's only been here for ...「彼はまだ…（期間）しかここにいない」現在完了形の継続用法。
- 📖 Get this.「聞いて；よく聞いて」話を切り出す表現。 ask ... out on a date「…をデートに誘う」
- 👄 asked から [k] 音が脱落。out on a は連結。out on の連結部で [t] 音が弾音化している。

M **Get out**! Really?! I thought she was married!

うそだろう！ホントに？！彼女、結婚してるって思ってた！

- 📖 Get out!「バカな；出ていけ」相手の言葉に疑問を投げかける表現。 Really!「まさか」驚きを表す。 married「結婚して」
- 👄 Get out の連結部で [t] 音が弾音化している。out 末尾の [t] 音は脱落。

F That's the rumor.

そういう、うわさなのよ。

- 📖 rumor「うわさ」

◀ Output A しゃべる
リピーティング・シャドーイング・音読しよう！

1. CDのスロー・ナチュラル音声に続いてパートごとにリピーティングしよう／● 3-11
2. CDのスロー・ナチュラル音声に合わせて、全体を通してシャドーイングしよう／● 3-10
3. CDのナチュラル音声に合わせて、全体を通してシャドーイングしよう／● 3-9
4. 音読トレーニングでさらに英語を定着させよう

F What's your impression of the new history teacher?

M I **kind of like him**. His lectures **are entertaining**, at least. That's a step-up from our teacher last year.

F I don't like the **fact that he** gives "pop" quizzes though. That makes **it tougher to get** good grades, in my opinion.

M I'm with you there. **But I guess** it does force people to pay attention in class though. I have a feeling that **he's going to** assign **a lot of** homework. That's no fun.

F Get this. He's only been here for two weeks, and I heard he already **asked** the school nurse **out on a date**!

M **Get out**! Really?! I thought she was married!

F That's the rumor.

◎ 全文訳 ◎

F 新しい歴史の先生の印象はどう？

M なんとなく気に入ってるよ。少なくとも講義はおもしろいね。去年の先生よりもましだね。

F でも、先生が急に小テストをやるのがいやなのよね。いい成績を取るのが難しくなるわ、私の意見ではね。

M そこは僕も同感だね。でも、そのおかげで、みんなに強制的にクラスで集中させてるんだろうね。僕は、彼がたくさん宿題を出しそうな気がするよ。そうなると最悪だね。

F 聞いてくれる。彼、まだここに来て2週間よね、で、もう保健室の先生にデートを申し込んだんだって！

M うそだろう！ホントに？！ 彼女、結婚してるって思ってた！

F そういう、うわさなのよ。

Output B 集中して書く

日本語と英語の一部をヒントに、全文を書いてみよう！

1. これまでに学習したダイアローグの空欄部分を書いてみよう
2. Output A を見ながら解答を確認しよう
3. 解けなかった部分は Input B に戻って再学習しよう

F 新しい歴史の先生の印象はどう?
_____ the new history teacher?

M なんとなく気に入ってるよ。少なくとも講義はおもしろいね。去年の先生よりもましだね。
I _____ him. His lectures are entertaining, at least. That's _____ our teacher last year.

F でも、先生が急に小テストをやるのがいやなのよね。いい成績を取るのが難しくなるわ、私の意見ではね。
_____ he gives "pop" quizzes though. _____ _____ to get good grades, in my opinion.

M そこは僕も同感だね。でも、そのおかげで、みんなに強制的にクラスで集中させてるんだろうね。僕は、彼がたくさん宿題を出しそうな気がするよ。そうなると最悪だね。
I'm _____. But I guess it does _____ _____ class though. I have a feeling that he's going to _____ _____. That's no fun.

F 聞いてくれる。彼、まだここに来て2週間よね。で、もう保健室の先生にデートを申し込んだんだって！
_____. He's only been here for two weeks, and _____ _____ the school nurse out on a date!

M うそだろう！ ホントに?! 彼女、結婚してるって思ってた！
_____! Really?! I thought she _____!

F そういう、うわさなのよ。
_____.

Unit 28 新しい先生の評価 187

Output C もっとしゃべる・書く

類似の英作文にトライ！

1. ダイアローグに登場したフレーズを利用して、英作文しよう
2. 「正解をチェック！」のページで答えを確認し、間違った問題に再チャレンジしよう
3. 難しい場合は、**Input B** の波線の文を参照して再学習しよう
4. CD音声だけを聞きながら、英作文やシャドーイングにチャレンジしよう／ 3-12

[1] 新しい歴史の先生の印象は？
What's your impression of the new history teacher?

Ⓐ 新しいあのハイブリッド・カーの印象は？
___

Ⓑ 開店したあの新しいレストランの印象は？
___

Ⓒ 新しいオフィスの装飾の印象は？
___

＊ décor「装飾」

[2] でも、彼が急に小テストをやるのがいやなのよね。
I don't like the fact that he gives "pop" quizzes though.

Ⓐ 税金が上がるってことがいやなんだよ。
___

Ⓑ うちの会社が超過勤務手当を払わないところがいやなんだ。
___

Ⓒ 彼の否定的なものの見方が気に入らないんだ。
___

＊ outlook「見解；態度；観点；もののも見方」

[3] 彼、もう保健室の先生にデートを申し込んだって聞いたわ！
I heard he already asked the school nurse out on a date!

Ⓐ 今週末は雪になるはずだって聞いたわ。
___

Ⓑ 首相が辞任するって聞いたわ。
___

Ⓒ 航空会社が手荷物の料金を取り始めるって聞いたわ。
___

＊ be supposed to ...「…するはずだ」　start charging for ...「…に課金し始める」

<正解は p.202 で確認しよう>

Unit 29 あなたの美容院はどこ？
Who Does Your Hair?

▶ Input A 聴き取り

穴埋めディクテーション！

1. CDのナチュラル音声でダイアローグを聴き、穴埋めしよう／● 3-13
2. 難しいときは、CDのスロー・ナチュラル音声で穴埋めしよう／● 3-14

F I really like your hair. _____ _____ _____! Where did you _____ _____ _____?

F Actually my sister is a stylist, so she _____ _____ _____ me.

F Must be nice. I wish _____ _____ hair like yours. _____ _____ so naturally curly it takes me an hour _____ _____ _____ _____.

F Have you ever _____ _____ _____ _____? My sister swears by them. She says it's the best way _____ _____ _____ _____ _____ finish at home.

F That's _____ _____ _____ _____ _____ still takes forever.

F I'm jealous of you too, though. Your curls are natural and beautiful. I _____ _____ _____ if I could!

F Is your sister _____ _____ _____ _____ new customers? I think it's _____ _____ I did _____ _____.

F I can give you her number.

Unit 29 あなたの美容院はどこ？　189

▶ Input B 聴き取り＋理解

センテンスごとに穴埋めの答えをチェック！

1. CDのナチュラル音声で解答をチェック＋英語に耳慣らししよう／● 3-13
2. 難しいときは、CDのスロー・ナチュラル音声で確認しよう／● 3-14
3. 日本語訳＋［文法］・［語い］・［発音］で理解を深めよう

F I really like your hair. **It looks great**! Where did you **have it done**?

あなたの髪型すごく好きよ。すごくすてき！ どこでやってもらったの？

- look great「すばらしく見える」 great は補語。 have it done「それをやってもらう」 have は使役動詞。
- It, great, it の末尾で［t］音が脱落している。

F Actually my sister is a stylist, so she **does it for** me.

実は、姉がスタイリストで、私のためにやってくれるのよ。

- actually「実は」 stylist「スタイリスト；美容師」
- it 末尾の［t］音が脱落。

F Must be nice. I wish **I had** hair like yours. **Mine is** so naturally curly it takes me an hour **just to straighten it**.

うらやましいわ。私もあなたみたいな髪だったらなあ。私のは自然にすごくカールしてるから、まっすぐにするだけで1時間かかるのよ。

- I wish I had ...「私が…を持っていたらなあ」仮定法過去の表現。
- must be nice「いいに違いない；うらやましい」 so A that B「とても A なので B だ」 curly「巻き毛の」 straighten「まっすぐにする」
- had は弱化し［アド］に近い音に変化。Mine is は連結。just, it 末尾の［t］音が脱落。straighten では［tr］で［t］音が［チュ］に近い音に変化。

F Have you ever **tried a flat iron**? My sister swears by them. She says it's the best way **to get a salon-style** finish at home.

フラット・アイロンは試したことがある？ 姉はフラット・アイロンがすごく役立つと言ってるわ。自宅でサロン・スタイルの仕上がりを得るにはいちばんいい方法だって言ってるわ。

- 🅐 Have you ever ...?「いままでに…したことがありますか?」経験をたずねる現在完了形。
- 🅑 flat iron「アイロン;こて」　swear by ...「…を大いに信頼している;…がいちばんだと思っている」 finish「仕上がり」
- 🅒 tried a は連結。flat iron, get a 連結部や to で [t] 音が弾音化。

F That's **what I use but it** still takes forever.

私、それを使っているんだけど、それでも、ものすごく時間がかかるのよ。

- 🅐 what I use「私が使っているもの」what は先行詞を含む関係代名詞。
- 🅑 take forever「ものすごく時間がかかる」
- 🅒 what I, but it の 連結部で [t] 音が弾音化。

F I'm jealous of you too, though. Your curls are natural and beautiful. **I would trade you** if I could!

でもね、私もあなたがうらやましいのよ。あなたのカールって自然で美しいわ。できれば取り替えたいくらい。

- 🅐 I would ... if I could.「できることなら…したいものだ」仮定法過去の表現。
- 🅑 jealous of ...「…がうらやましい」　though「けれども」
- 🅒 would 末尾の [d] 音が脱落。trade では [tr] で [t] 音が [チュ] に近い音に変化。

F Is your sister **willing to take on** new customers? I think it's **about time** I did **something different**.

お姉さんは新しいお客を引き受けてくれるかなあ？ そろそろなにか別のことを試してみる時期だと思うの。

- 🅐 be willing to ...「…するのを厭わない」　it's about time (that) I did ...「…する頃合いだ」仮定法過去の表現なので、that 節の動詞には過去形を用いる。
- 🅑 take on ...「…（仕事など）を引き受ける」
- 🅒 willing, about, something から末尾の破裂音が脱落。take on は連結。

F I can give you her number.

彼女の電話番号を教えてもいいわよ。

- 🅑 number「番号」ここでは電話番号のこと。

⬅ Output A　しゃべる
リピーティング・シャドーイング・音読しよう！

1. CDのスロー・ナチュラル音声に続いてパートごとにリピーティングしよう／●3-15
2. CDのスロー・ナチュラル音声に合わせて、全体を通してシャドーイングしよう／●3-14
3. CDのナチュラル音声に合わせて、全体を通してシャドーイングしよう／●3-13
4. 音読トレーニングでさらに英語を定着させよう

F I really like your hair. **It looks great**! Where did you **have it done**?

F Actually my sister is a stylist, so she **does it for** me.

F Must be nice. I wish **I had** hair like yours. **Mine is** so naturally curly it takes me an hour **just to straighten it**.

F Have you ever **tried a flat iron**? My sister swears by them. She says it's the best way **to get a salon-style** finish at home.

F That's **what I use but it** still takes forever.

F I'm jealous of you too, though. Your curls are natural and beautiful. I **would trade you** if I could!

F Is your sister **willing to take on** new customers? I think it's **about time** I did **something different**.

F I can give you her number.

◎ 全文訳 ◎

F あなたの髪型すごく好きよ。すごくすてき！ どこでやってもらったの？

F 実は、姉がスタイリストで、私のためにやってくれるのよ。

F うらやましいわ。私もあなたみたいな髪だったらなあ。私のは自然にすごくカールしてるから、まっすぐにするだけで1時間かかるのよ。

F フラット・アイロンは試したことがある？ 姉はフラット・アイロンがすごく役立つと言ってるわ。自宅でサロン・スタイルの仕上がりを得るにはいちばんいい方法だって言ってるわ。

F 私、それを使っているんだけど、それでも、ものすごく時間がかかるのよ。

F でもね、私もあなたがうらやましいのよ。あなたのカールって自然で美しいわ。できれば取り替えたいくらい。

F お姉さんは新しいお客を引き受けてくれるかなあ？ そろそろなにか別のことを試してみる時期だと思うの。

F 彼女の電話番号を教えてもいいわよ。

Output B 集中して書く

日本語と英語の一部をヒントに、全文を書いてみよう！

1. これまでに学習したダイアローグの空欄部分を書いてみよう
2. **Output A** を見ながら解答を確認しよう
3. 解けなかった部分は **Input B** に戻って再学習しよう

F あなたの髪型すごく好きよ。すごくすてき！ どこでやってもらったの？
I really like your hair. It looks great! Where did _____?

F 実は、姉がスタイリストで、私のためにやってくれるのよ。
_____ my sister is a stylist, so _____.

F うらやましいわ。私もあなたみたいな髪だったらなあ。私のは自然にすごくカールしてるから、まっすぐにするだけで 1 時間かかるのよ。
_____. I wish _____. Mine is so naturally curly _____ straighten it.

F フラット・アイロンは試したことがある？ 姉はフラット・アイロンがすごく役立つと言ってるわ。自宅でサロン・スタイルの仕上がりを得るにはいちばんいい方法だって言ってるわ。
_____ a flat iron? My sister _____.
She says it's the _____ a salon-style finish at home.

F 私、それを使っているんだけど、それでも、ものすごく時間がかかるのよ。
_____ It still takes forever.

F でもね、私もあなたがうらやましいのよ。あなたのカールって自然で美しいわ。できれば取り替えたいくらい。
I'm _____ too, though. Your curls are natural and beautiful. _____ if I could!

F お姉さんは新しいお客を引き受けてくれるかなあ？ そろそろなにか別のことを試してみる時期だと思うの。
Is your sister _____ new customers? I think it's about time _____.

F 彼女の電話番号を教えてもいいわよ。
I can _____ number.

Unit 29 あなたの美容院はどこ？　193

Output C もっとしゃべる・書く

類似の英作文にトライ！

1. ダイアローグに登場したフレーズを利用して、英作文しよう
2. 「正解をチェック！」のページで答えを確認し、間違った問題に再チャレンジしよう
3. 難しい場合は、**Input B** の波線の文を参照して再学習しよう
4. CD音声だけを聞きながら、英作文やシャドーイングにチャレンジしよう／●3-16

[1] 実は姉がスタイリストで、私のためにやってくれるの。
Actually my sister is a stylist, so she does it for me.

Ⓐ 実はシェフが親友なので、そこでは無料で食べられるんです。

_____

Ⓑ 実は金曜は休暇を取っているので、両親に会いに実家に帰るつもりなんです。

_____

Ⓒ 実はこの週末は雨の予報なので、イベントはキャンセルされたんです。

_____

＊ be supposed to ...「…することになっている」

[2] 私もあなたみたいな髪だったらなあ。
I wish I had hair like yours.

Ⓐ 退職貯蓄の口座にもっとお金があればなあ。

_____

Ⓑ アドバイスが必要なときに、話ができる人がだれかいたらなあ。

_____

Ⓒ もっと家族と過ごす時間があればなあ。

_____

＊ retirement account「退職後に備える貯蓄のための投資用口座」アメリカでは、退職後の生活のための貯蓄を、銀行口座でなく、株式や金融市場への投資用口座に入れるのが一般的。

[3] なにか別のことをやる頃合いだと思うんです。
I think it's about time I did something different.

Ⓐ そろそろベッドに入る時間だと思います。

_____

Ⓑ そろそろ子どもをつくることを考える時期だと思うの。

_____

Ⓒ 家賃にお金を浪費する代わりに、そろそろ家を買うことを考える時期だと思うんです。

_____

＊ consider「考える；検討する」　waste one's money on ...「…でお金を浪費する」

<正解は p.202 で確認しよう>

Unit 30 スポーツの会話
Sports Talk

Input A 聴き取り

穴埋めディクテーション！

1. CDのナチュラル音声でダイアローグを聴き、穴埋めしよう／3-17
2. 難しいときは、CDのスロー・ナチュラル音声で穴埋めしよう／3-18

M _____ _____ see the World Cup soccer game last night!? It was a real _____ _____.

F I wanted to _____ _____, _____ _____ just couldn't stay awake. I wish _____ _____ _____ so late at night.

M There's no way around that _____ _____ _____ time difference. They're playing in Japan, after all.

F I'm glad we _____ _____ _____. _____ _____ _____ _____ close game. I saw the highlights on the news this morning. When are we scheduled to play next?

M The next game is this Friday _____ _____ pm, I think. Our opponent will either be Spain or France, so _____ _____ _____ _____ _____ _____ game either way.

F _____ _____ it's a Friday night. I _____ _____ _____ miss that game.

▶ Input B 聴き取り＋理解

センテンスごとに穴埋めの答えをチェック！

1. CDのナチュラル音声で解答をチェック＋英語に耳慣らししよう／● 3-17
2. 難しいときは、CDのスロー・ナチュラル音声で確認しよう／● 3-18
3. 日本語訳＋［文法］・［語い］・［発音］で理解を深めよう

Ⓜ **Did you** see the World Cup soccer game last night!? It was a real **nail biter**.

昨日の夜、ワールド・カップのサッカーの試合を観たかい？ ホントにハラハラ、ドキドキの試合だったよ。

- nail biter「ハラハラ、ドキドキさせる試合・ストーリー」
- Did you は連結部の［ d ］＋［ j ］で音が混じり合い［ジュ］に近い音に変化する。biter では［ t ］音が弾音化している。

Ⓕ I wanted to **watch it, but I** just couldn't stay awake. I wish **it wasn't on** so late at night.

観たかったんだけど、どうも起きてられなかったの。そんなに夜遅くの放送じゃなければいいのに。

- wanted to watch「観たかった」不定詞の名詞的用法。 I wish it wasn't ...「…じゃなければいいのに」仮定法過去の表現。
- stay awake「目を覚ましている」 be on「(テレビやラジオなどで) 放映される；流れる；かかる」 late at night「夜遅くに」
- watch it は連結。2 カ所の it と wasn't の［ t ］音は脱落。but I は連結部で［ t ］音が弾音化している。wasn't on は連結して［ワズノン］と発話。

Ⓜ There's no way around that **due to the** time difference. They're playing in Japan, after all.

それは時差のせいでどうしようもないんだよ。だって、日本で試合をやっているんだからさ。

- no way around ...「…はどうしようもない；仕方ない」 due to ...「…のせいで；…のため」理由を表す。 after all「だって…なんだから；結局」
- due to の to で［ t ］音が弾音化。

Ⓕ I'm glad we **pulled it off. It looked like a** close game. I saw the highlights on the news this morning. When are we scheduled to play next?

わが国が勝利してよかったわ。接戦のようだったしね。今朝、ニュースでハイライトを観たの。次はいつ試合をやる予定なの？

- 🔵 I'm glad (that) ... 「…でうれしい」that ... 以降は感情の原因・理由を表している。
  be scheduled to ... 「…することが予定されている」受動態表現。
- 📘 pull off 「勝つ；うまくやり遂げる」 close game 「接戦の試合」
  highlight 「(出来事の) ハイライト；目立つ部分；呼び物」
- 👄 it off の連結部で [t] 音が弾音化。It 末尾の [t] 音は脱落。like a は連結して [ライカ] と発話。

M The next game is this Friday **at eleven** pm, I think. Our opponent will either be Spain or France, so **it's going to be a tough** game either way.

次の試合は今週の金曜日の午後 11 時だと思うよ。対戦相手はスペインかフランスになるから、いずれにしてもタフな試合になるよ。

- 🔵 be going to be ... 「…になる (予定だ)」未来を表す。
- 📘 opponent 「対抗者；敵」 either A or B 「A か B のどちらか」 tough 「きつい；厳しい」
  either way 「いずれにせよ」
- 👄 at eleven では [t] 音が弾音化。going to は [ゴナ] と大きく変化。

F **Thank goodness** it's a Friday night. I **would hate to** miss that game.

金曜の夜でよかった。その試合を見逃すのはいやだわ。

- 🔵 I would hate to miss 「見逃したらいやだ (なので見逃さないように努力するつもりだ)」仮定法過去の表現。
- 📘 Thank goodness it's a Friday night. 「それ (試合) が金曜日でよかった」一般的な形は Thank goodness/god, it's Friday. = TGIF. 「神さまありがとう、金曜日です；花金だ」。これは待ち望んだ週末の開始を神に感謝する形で表現するもので、金曜当日に使われる。
- 👄 Thank, hate 末尾の破裂音が脱落。

Unit 30 スポーツの会話

Output A　しゃべる

リピーティング・シャドーイング・音読しよう！

1. CDのスロー・ナチュラル音声に続いてパートごとにリピーティングしよう／●3-19
2. CDのスロー・ナチュラル音声に合わせて、全体を通してシャドーイングしよう／●3-18
3. CDのナチュラル音声に合わせて、全体を通してシャドーイングしよう／●3-17
4. 音読トレーニングでさらに英語を定着させよう

Ⓜ **Did you** see the World Cup soccer game last night!? It was a real **nail biter**.

Ⓕ I wanted to **watch it, but I** just couldn't stay awake. I wish **it wasn't on** so late at night.

Ⓜ There's no way around that **due to the** time difference. They're playing in Japan, after all.

Ⓕ I'm glad we **pulled it off. It looked like a** close game. I saw the highlights on the news this morning. When are we scheduled to play next?

Ⓜ The next game is this Friday **at eleven** pm, I think. Our opponent will either be Spain or France, so **it's going to be a tough** game either way.

Ⓕ **Thank goodness** it's a Friday night. I **would hate to** miss that game.

◎ 全文訳 ◎

Ⓜ 昨日の夜、ワールド・カップのサッカーの試合を観たかい？ ホントにハラハラ、ドキドキの試合だったよ。

Ⓕ 観たかったんだけど、どうも起きてられなかったの。そんなに夜遅くの放送じゃなければいいのに。

Ⓜ それは時差のせいでどうしようもないんだよ。だって、日本で試合をやっているんだからさ。

Ⓕ わが国が勝利してよかったわ。接戦のようだったしね。今朝、ニュースでハイライトを観たの。次はいつ試合をやる予定なの？

Ⓜ 次の試合は今週の金曜日の午後11時だと思うよ。対戦相手はスペインかフランスになるから、いずれにしてもタフな試合になるよ。

Ⓕ 金曜の夜でよかった。その試合を見逃すのはいやだわ。

Output B 集中して書く

日本語と英語の一部をヒントに、全文を書いてみよう！

1. これまでに学習したダイアローグの空欄部分を書いてみよう
2. Output A を見ながら解答を確認しよう
3. 解けなかった部分は Input B に戻って再学習しよう

M 昨日の夜、ワールド・カップのサッカーの試合を観たかい？ ホントにハラハラ、ドキドキの試合だったよ。

Did you see the World Cup soccer game last night!? It was _____

_____.

F 観たかったんだけど、どうも起きてられなかったの。そんなに夜遅くの放送じゃなければいいのに。

I wanted to watch it, but I just _____. I wish _____

_____ at night.

M それは時差のせいでどうしようもないんだよ。だって、日本で試合をやっているんだからさ。

_____ that _____ the time difference.
They're playing _____.

F わが国が勝利してよかったわ。接戦のようだったしね。今朝、ニュースでハイライトを観たの。次はいつ試合をやる予定なの？

I'm glad _____. It looked _____.
I saw the highlights on the news this morning. When _____
_____ play next?

M 次の試合は今週の金曜日の午後 11 時だと思うよ。対戦相手はスペインかフランスになるから、いずれにしてもタフな試合になるよ。

The next game is this Friday at eleven pm, I think. Our _____
_____ Spain or France, so _____ game either way.

F 金曜の夜でよかった。その試合を見逃すのはいやだわ。

_____ a Friday night. _____ miss that game.

Unit 30 スポーツの会話　199

Output C もっとしゃべる・書く

類似の英作文にトライ！

1. ダイアローグに登場したフレーズを利用して、英作文しよう
2. 「正解をチェック！」のページで答えを確認し、間違った問題に再チャレンジしよう
3. 難しい場合は、**Input B** の波線の文を参照して再学習しよう
4. CD音声だけを聞きながら、英作文やシャドーイングにチャレンジしよう／3-20

[1] それ観たかったんだけど、どうも起きてられなかったの。
I wanted to watch it, **but I just couldn't** stay awake.

Ⓐ 旅行に行きたかったけど、どうしても旅費が出せなかったの。

Ⓑ 彼女に結婚を申し込みたかったんだけど、どうも勇気が出なかったんです。

Ⓒ マンションを買いたかったんですが、どうも、ほんとうに気に入ったところを見つけられなくて。

＊ afford「(経済的・時間的・心理的に) 余裕がある」　find the courage「勇気を出す；思い切ってする」

[2] 時差の関係で、それはどうしようもないよ。
There's no way around that due to the time difference.

Ⓐ 僕らが引っ越さなければならないのは、どうしようもないことだよ。

Ⓑ もし家を買うのなら、財産税の支払いはどうしようもないよ。

Ⓒ プロのアスリートとしては、ケガとつき合うのは避けられないことだよ。

＊ property tax「財産税」　deal with injuries「ケガとつき合う」

[3] その試合を見逃すのはいやだなあ。
I would hate to miss that game.

Ⓐ 彼が浮気していると考えるのはいやだわ。

Ⓑ 今日また仕事に遅刻するのはいやだなあ。

Ⓒ こんなに練習に時間をかけて、試合に負けるのはいやだなあ。

＊ tournament「勝ち抜き形式で行われる試合」

<正解は p.202 で確認しよう>

Answer Keys for Output C (Unit 25-30)

アウトプット C の正解をチェック！

Unit 25

[1] **Ⓐ** I tried to study for the exam, but I fell asleep!
   Ⓑ I tried to learn Chinese, but it was way too difficult.
   Ⓒ I tried to tell him what to do, but he wouldn't listen!

[2] **Ⓐ** I want to see that movie, but I haven't had time to go.
   Ⓑ I want to try that new restaurant but I haven't had time to.
   Ⓒ I need to get this tooth pulled, but I haven't had time to go to the dentist.

[3] **Ⓐ** How about if we order in for dinner tonight?
   Ⓑ How about if we move in with my parents?
   Ⓒ How about if I get a part-time job to help make ends meet?

Unit 26

[1] **Ⓐ** Do you have a pen I can borrow?
   Ⓑ Do you have a phone charger I can borrow?
   Ⓒ Do you have ten dollars I can borrow?

[2] **Ⓐ** Now that you mention it ... I forgot to renew my train pass.
   Ⓑ Now that you mention it ... we haven't been there in over a year!
   Ⓒ Now that you mention it ... I don't remember her name either.

[3] **Ⓐ** That way I won't have to take a taxi.
   Ⓑ That way I won't have to borrow any money.
   Ⓒ That way I won't have to spend money on a new computer.

Unit 27

[1] **Ⓐ** It wouldn't surprise me if they fired him for stealing.
   Ⓑ It wouldn't surprise me if the yen continues to weaken.
   Ⓒ It wouldn't surprise me if the Prime Minister is forced to resign.

[2] **Ⓐ** I'm ready to begin the game.
   Ⓑ I'm ready to pass the test.
   Ⓒ I'm ready to leave whenever you are.

[3] **Ⓐ** I'll have the bellhop take your luggage to your room.
   Ⓑ I'll have my manager call you when he gets in.
   Ⓒ I'll have my son look in on your grandmother tomorrow.

Answer Keys for Output C (Unit 25-30)

Unit 28

[1] **A** What's your impression of those new hybrid cars?
B What's your impression of that new restaurant that opened?
C What's your impression of the new office décor?

[2] **A** I don't like the fact that our taxes are going up.
B I don't like the fact that our company doesn't pay overtime.
C I don't like the fact that he's got such a negative outlook.

[3] **A** I heard it's supposed to snow this weekend.
B I heard the Prime Minister is going to resign.
C I heard the airlines are going to start charging for carry-on luggage.

Unit 29

[1] **A** Actually the chef is a good friend of mine, so I eat there for free.
B Actually I have this Friday off work, so I'm going home to visit my parents.
C Actually it's supposed to rain this weekend, so the event has been canceled.

[2] **A** I wish I had more money in my retirement account.
B I wish I had someone to talk to when I need advice.
C I wish I had more time to spend with my family.

[3] **A** I think it's about time I went to bed.
B I think it's about time we talked about having kids.
C I think it's about time we considered buying a house instead of wasting our money on rent.

Unit 30

[1] **A** I wanted to go on the trip, but I just couldn't afford it.
B I wanted to ask her to marry me, but I just couldn't find the courage.
C I wanted to buy a condo, but I just couldn't find one that I really liked.

[2] **A** There's no way around the fact that we have to move.
B There's no way around paying property tax if you buy a house.
C There's no way around dealing with injuries as a professional athlete.

[3] **A** I would hate to think he's having an affair.
B I would hate to be late to work again today.
C I would hate to spend all this time practicing, and then lose the tournament.

Unit 31 海外勤務 Working Abroad

▶ Input A 聴き取り

穴埋めディクテーション！

1. CDのナチュラル音声でダイアローグを聴き、穴埋めしよう／ 3-21
2. 難しいときは、CDのスロー・ナチュラル音声で穴埋めしよう／ 3-22

M _____ _____!? I finally got that promotion at work _____ _____ _____.

F That's fantastic. You must be thrilled!

M I am, _____ _____ _____ _____. The company _____ _____ _____ oversee our Singapore office for at least a year.

F Wow. _____ _____ _____ opportunity! _____ _____ _____ _____ _____ living abroad?

M It's exciting and a bit scary at the same time. I've never _____ _____ _____ _____ the US before. I don't know much about the culture or the lifestyle there.

F You _____ _____ _____ stop you. If you were married _____ _____ _____ _____ _____ _____ _____ a difficult decision, but you're only thirty and in the prime of life!

M You'll have to come and _____ _____ when I _____ _____ _____!

F You can _____ _____ _____!

➡️ Input B 聴き取り＋理解

センテンスごとに穴埋めの答えをチェック！

1. CDのナチュラル音声で解答をチェック＋英語に耳慣らししよう／●3-21
2. 難しいときは、CDのスロー・ナチュラル音声で確認しよう／●3-22
3. 日本語訳＋［文法］・［語い］・［発音］で理解を深めよう

Ⓜ️ **Guess what**!? I finally got that promotion at work **that I wanted**.

あのね、なんだと思う？ 僕さ、ついに望んでた職場での昇進をつかんだんだよ。

- 💿 that promotion that I wanted「望んでいたあの昇進」2番目の that は関係代名詞の目的格。
- 📘 Guess what!?「あのね；なんだと思う；なんだか当ててみて」
- 👄 what, that, wanted から［t］音が脱落。that I の連結部で［t］音が弾音化。

Ⓕ That's fantastic. You must be thrilled!

すばらしいわ。あなた、きっとワクワクしてるでしょう！

- 📘 fantastic「すばらしい」　must be ...「…であるに違いない」

Ⓜ️ I am, **but there's a downside**. The company **wants me to** oversee our Singapore office for at least a year.

そうなんだ、でも悪い面もあってね。会社は僕に、少なくとも1年間、シンガポールのオフィスを管理させたがっているんだ。

- 💿 The company wants me to ...「会社が私に…させたがっている」SVOO の文。
- 📘 downside「マイナス面；弱点」　oversee「監督する」　at least ...「少なくとも…」
- 👄 but から［t］音が脱落。there's a は連結。to では［t］音が弾音化している。

Ⓕ Wow. **What an amazing** opportunity! **How do you feel about** living abroad?

へえ！ とてもすばらしいチャンスね！ 海外で暮らすのはどう思うの？

- 💿 What an/a ...!「なんと…なのだろう！」感嘆表現。
- 📘 amazing「すばらしい」　live abroad「海外で生活する」
- 👄 What an は連結部で［t］音が弾音化。How do you は短く速く［ハウドゥユ］と発話。about 末尾の［t］音は脱落。

204

🅜 It's exciting and a bit scary at the same time. I've never **even been out of** the US before. I don't know much about the culture or the lifestyle there.

> ワクワクするけど、同時にちょっと恐いよね。これまでアメリカを出たこともないんだよ。向こうの文化とかライフスタイルについてあまり知らないしね。

- 💿 have never been out of ...「…を出たことがない」現在完了形の経験用法。
- 📖 a bit「ちょっと」 scary「恐い；恐ろしい」 at the same time「同時に」 culture「文化」
- 👄 been は弱化して［ビン］と発話。out of は連結部で［t］音が弾音化。末尾の［v］音は脱落。

🅕 You **shouldn't let that** stop you. If you were married **and had a family it might be** a difficult decision, but you're only thirty and in the prime of life!

> そのせいで足を止めてはダメよ。結婚していて家族がいたら難しい決断かもしれないけど、あなたはまだ30歳で人生で血気盛んな時期にいるのよ。

- 💿 let that stop you「それにあなたを止めさせる」let は使役動詞。　If you were ... it might be ...「もしあなたが…だったら…かもしれない」仮定法過去の文。
- 📖 be married「結婚している」 decision「決断」 in the prime of life「人生の血気盛んな時期に」
- 👄 shouldn't, let, that, and, it, might の末尾で破裂音が脱落。had a の連結部では［d］音が弾音化。be は弱化して［ビ］と発話。

🅜 You'll have to come and **visit me** when I **get settled in**!

> 僕が落ち着いたら、絶対に僕のところに顔を出してよね！

- 💿 when ...「…のときに」時間を表す従属節。
- 📖 get settled in「(新しい家などに) 落ち着く」
- 👄 visit 末尾の［t］音が脱落。settled の［l］音は弾音化。

🅕 You can **count on that**!

> それはもちろんよ！

- 📖 count on ...「…を当てにする；頼りにする」
- 👄 count 末尾の［t］音が脱落しながら on に連結。on that の連結部では、［n］+［ð］が［n］音に変化している。

Unit 31 海外勤務

◀ Output A しゃべる
リピーティング・シャドーイング・音読しよう！

1. CDのスロー・ナチュラル音声に続いてパートごとにリピーティングしよう／●3-23
2. CDのスロー・ナチュラル音声に合わせて、全体を通してシャドーイングしよう／●3-22
3. CDのナチュラル音声に合わせて、全体を通してシャドーイングしよう／●3-21
4. 音読トレーニングでさらに英語を定着させよう

(M) **Guess what**!? I finally got that promotion at work **that I wanted**.

(F) That's fantastic. You must be thrilled!

(M) I am, **but there's a downside**. The company **wants me to** oversee our Singapore office for at least a year.

(F) Wow. **What an amazing** opportunity! **How do you feel about** living abroad?

(M) It's exciting and a bit scary at the same time. I've never **even been out of** the US before. I don't know much about the culture or the lifestyle there.

(F) You **shouldn't let that** stop you. If you were married **and had a family it might be** a difficult decision, but you're only thirty and in the prime of life!

(M) You'll have to come and **visit me** when I **get settled in**!

(F) You can **count on that**!

◎ 全文訳 ◎

(M) あのね、なんだと思う？ 僕さ、ついに望んでた職場での昇進をつかんだんだよ。

(F) すばらしいわ。あなた、きっとワクワクしてるでしょう！

(M) そうなんだ、でも悪い面もあってね。会社は僕に、少なくとも１年間、シンガポールのオフィスを管理させたがっているんだ。

(F) へえ！ とてもすばらしいチャンスね！ 海外で暮らすのはどう思うの？

(M) ワクワクするけど、同時にちょっと恐いよね。これまでアメリカを出たこともないんだよ。向こうの文化とかライフスタイルについてあまり知らないしね。

(F) そのせいで足を止めてはダメよ。結婚していて家族がいたら難しい決断かもしれないけど、あなたはまだ30歳で人生で血気盛んな時期にいるのよ。

(M) 僕が落ち着いたら、絶対に僕のところに顔を出してよね！

(F) それはもちろんよ！

Output B 集中して書く

日本語と英語の一部をヒントに、全文を書いてみよう!

1. これまでに学習したダイアローグの空欄部分を書いてみよう
2. Output A を見ながら解答を確認しよう
3. 解けなかった部分は Input B に戻って再学習しよう

M あのね、なんだと思う? 僕さ、ついに望んでた職場での昇進をつかんだんだよ。
_____ what!? I finally got that promotion at work _____.

F すばらしいわ。あなた、きっとワクワクしてるでしょう!
That's fantastic. You _____!

M そうなんだ、でも悪い面もあってね。会社は僕に、少なくとも1年間、シンガポールのオフィスを管理させたがっているんだ。
I am, but _____. The company _____ our Singapore office for at least a year.

F へえ! とてもすばらしいチャンスね! 海外で暮らすのはどう思うの?
Wow. What _____! How do you feel _____ _____?

M ワクワクするけど、同時にちょっと恐いよね。これまでアメリカを出たこともないんだよ。向こうの文化とかライフスタイルについてあまり知らないしね。
It's exciting and a bit scary _____. I've _____ _____ the US before. I don't know _____ _____ there.

F そのせいで足を止めてはダメよ。結婚していて家族がいたら難しい決断かもしれないけど、あなたはまだ30歳で人生で血気盛んな時期にいるのよ。
You shouldn't _____. If you were married and had a family _____ decision, but you're only thirty and _____ _____ life!

M 僕が落ち着いたら、絶対に僕のところに顔を出してよね!
You'll have to come and visit me _____!

F それはもちろんよ!
You can _____ that!

Unit 31 海外勤務 207

Output C　もっとしゃべる・書く

類似の英作文にトライ！

1. ダイアローグに登場したフレーズを利用して、英作文しよう
2. 「正解をチェック！」のページで答えを確認し、間違った問題に再チャレンジしよう
3. 難しい場合は、**Input B** の波線の文を参照して再学習しよう
4. CD音声だけを聞きながら、英作文やシャドーイングにチャレンジしよう／3-24

[1] ついに望んでた職場での昇進をつかんだんだよ。
　　I finally got that promotion at work that I wanted.

　Ⓐ やっと高校時代の親友と連絡が取れました。
　　_____

　Ⓑ ついにハーバード大学から合格通知が届いたんです。
　　_____

　Ⓒ ついに学校に戻って修士号を取る決意をしたんだ。
　　_____

　　＊ acceptance letter「合格通知」　master's degree「修士号」

[2] 会社は僕に、少なくとも1年間、シンガポールのオフィスを管理させたがっているんです。
　　The company **wants me to** oversee our Singapore office for at least a year.

　Ⓐ 両親は僕に結婚してほしいのですが、僕は独身生活が好きなんですよ！
　　_____

　Ⓑ 娘は私に、クリスマスに自転車を買ってほしがっているんです。
　　_____

　Ⓒ 上司が私を、来月、営業部に転属させたがっているんです。
　　_____

　　＊ transfer「異動させる」

[3] 僕が落ち着いたら、絶対に僕のところに顔を出してよね！
　　You'll have to come and visit me when I get settled in!

　Ⓐ 成功したいのなら、もっと懸命にトライしなきゃ。
　　_____

　Ⓑ そのうち、ディナーを食べに来てくれなきゃ。
　　_____

　Ⓒ 今度こっちに来たら、立ち寄って、生まれたばかりの赤ちゃんに会ってくれなきゃね。
　　_____

　　＊ next time you're in town「今度こっちに来たら」

<正解は p.245 で確認しよう>

208

Unit 32 辞めてしまう同僚
Losing a Coworker

➡ Input A 聴き取り

穴埋めディクテーション！

1. CDのナチュラル音声でダイアローグを聴き、穴埋めしよう／ 3-25
2. 難しいときは、CDのスロー・ナチュラル音声で穴埋めしよう／ 3-26

M Hey Katie. There's a rumor _____ _____ the company _____ _____ _____ _____. Is that true?

F _____. My husband _____ _____ _____ the Atlanta branch of his firm. He's been there three months already.

M When are you leaving?

F I _____ _____ _____ my two weeks' _____ _____. I have to stay here until we can sell our house.

M Well we are _____ _____ _____ _____ you here.

F I hate the idea of leaving Chicago. We _____ _____ _____ turn down the transfer offer though, since _____ _____ _____ _____ big promotion.

M Yeah. _____ _____ _____ tough to pick up and move to an entirely new place. Let's _____ _____ _____ _____ _____ for lunch or something before you leave.

F I'd like that. I'm free any day next week.

➡️ Input B　聴き取り＋理解

センテンスごとに穴埋めの答えをチェック！

1. CDのナチュラル音声で解答をチェック＋英語に耳慣らししよう／🔊 3-25
2. 難しいときは、CDのスロー・ナチュラル音声で確認しよう／🔊 3-26
3. 日本語訳＋［文法］・［語い］・［発音］で理解を深めよう

Ⓜ Hey Katie. There's a rumor **going around** the company **that you are quitting**. Is that true?

ねえ、ケイティー。君が辞めるっていう噂が会社で立っているんだ。それってほんとうなの？

📙 There's a rumor going around the company (that) …「会社で…という噂が出回っている」going は現在分詞。 you are quitting「あなたが（会社を）辞める」近い未来を表す。

📙 true「ほんとうの」

👄 going 末尾の［g］音が脱落しながら around に連結。around, that 末尾の破裂音が脱落。quitting では［t］音が弾音化している。

Ⓕ **Unfortunately**. My husband **got transferred to** the Atlanta branch of his firm. He's been there three months already.

残念ながらね。夫が彼の会社のアトランタ支社に異動になったの。彼は、もう3カ月あちらにいるのよ。

📙 he's been there「彼はずっとそこにいる」現在完了形の継続用法。

📙 unfortunately「残念ながら；あいにく」　get transferred「異動させられる」　branch「支店；支社」　firm「会社」

👄 Unfortunately, got の破裂音が脱落。transferred の［tr］では［t］音が［チュ］に近い音に変化。

Ⓜ When are you leaving?

いつ君は会社を辞めるの？

📙 leave「辞める；退く；去る」

Ⓕ I **haven't put in** my two weeks' **notice yet**. I have to stay here until we can sell our house.

まだ退職届は出してないわ。家が売れるまでは、こちらにいなきゃならないから。

- I haven't put in ... yet「…をまだ提出していない」現在完了形、完了用法の否定文。
- put in「提出する」 two weeks' notice「(2週間前までに提出する) 辞職届」
- haven't, yet 末尾の [t] 音が脱落。put in の連結部や notice の [t] 音が弾音化している。

M Well we are **really going to miss** you here.

ここでは、みんな君がいないとさみしがるよ。

- miss「いなくてさみしく思う」
- going to は [ゴナ] と変化。

F I hate the idea of leaving Chicago. We **couldn't afford to** turn down the transfer offer though, since **it came with a** big promotion.

シカゴを去るっていう考えはいやなのよ。でも、大きな昇進がついてきたから、異動のオファーを断るわけにはいかなかったの。

- hate the idea of leaving ...「…を離れるという考えが嫌いだ」leaving は動名詞。
- can't afford「…するわけにはいかない；…する余裕がない」afford は「心理的・金銭的な余裕がある」という意味。 turn down「断る」 offer「申し出」 promotion「昇進；昇格」
- couldn't, afford, it 末尾の破裂音が脱落。to の [t] 音は弾音化。with a は2語の音が連結。

M Yeah. **It must be** tough to pick up and move to an entirely new place. Let's **be sure to get together** for lunch or something before you leave.

そうだよね。身辺を整理して、まったく新しい場所に引っ越すのはきっと大変だろうね。君が出発する前に、必ずいっしょにランチかなにかしようよ。

- must be ...「きっと…に違いない；きっと…だろう」must は必然性や推量を表す。
- pick up「身辺を整理する」 entirely「まったく」 Let's be sure to ...「きっと…しましょう」 get together「集まる；会う」
- It, must, get の末尾から [t] 音が脱落。to の [t] 音は弾音化している。

F I'd like that. I'm free any day next week.

いいわね。私は来週ならいつでも暇よ。

- any day「どの日でも」

Unit 32 辞めてしまう同僚　211

▶ Output A　しゃべる
リピーティング・シャドーイング・音読しよう！

1. CDのスロー・ナチュラル音声に続いてパートごとにリピーティングしよう／● 3-27
2. CDのスロー・ナチュラル音声に合わせて、全体を通してシャドーイングしよう／● 3-26
3. CDのナチュラル音声に合わせて、全体を通してシャドーイングしよう／● 3-25
4. 音読トレーニングでさらに英語を定着させよう

M　Hey Katie. There's a rumor **going around** the company **that you are quitting**. Is that true?

F　**Unfortunately**. My husband **got transferred to** the Atlanta branch of his firm. He's been there three months already.

M　When are you leaving?

F　I **haven't put in** my two weeks' **notice yet**. I have to stay here until we can sell our house.

M　Well we are **really going to miss** you here.

F　I hate the idea of leaving Chicago. We **couldn't afford to** turn down the transfer offer though, since **it came with a** big promotion.

M　Yeah. **It must be** tough to pick up and move to an entirely new place. Let's **be sure to get together** for lunch or something before you leave.

F　I'd like that. I'm free any day next week.

◎ 全文訳 ◎

M　ねえ、ケイティー。君が辞めるっていう噂が会社で立っているんだ。それってほんとうなの？

F　残念ながらね。夫が彼の会社のアトランタ支社に異動になったの。彼は、もう3カ月あちらにいるのよ。

M　いつ君は会社を辞めるの？

F　まだ退職届は出してないわ。家が売れるまでは、こちらにいなきゃならないから。

M　ここでは、みんな君がいないとさみしがるよ。

F　シカゴを去るっていう考えはいやなのよ。でも、大きな昇進がついてきたから、異動のオファーを断るわけにはいかなかったの。

M　そうだよね。身辺を整理して、まったく新しい場所に引っ越すのはきっと大変だろうね。君が出発する前に、必ずいっしょにランチかなにかしようよ。

F　いいわね。私は来週ならいつでも暇よ。

Output B 集中して書く

日本語と英語の一部をヒントに、全文を書いてみよう！

1. これまでに学習したダイアローグの空欄部分を書いてみよう
2. Output A を見ながら解答を確認しよう
3. 解けなかった部分は Input B に戻って再学習しよう

(M) ねえ、ケイティー。君が辞めるっていう噂が会社で立っているんだ。それってほんとうなの？
Hey Katie. _____ the company that you _____. Is that true?

(F) 残念ながらね。夫が彼の会社のアトランタ支社に異動になったの。彼は、もう3カ月あちらにいるのよ。
_____. My husband _____ the Atlanta branch of his firm. _____ three months already.

(M) いつ君は会社を辞めるの？
When are you leaving?

(F) まだ退職届は出してないわ。家が売れるまでは、こちらにいなきゃならないから。
I haven't _____ yet. I have to stay here _____ our house.

(M) ここでは、みんな君がいないとさみしがるよ。
Well we are really _____ here.

(F) シカゴを去るっていう考えはいやなのよ。でも、大きな昇進がついてきたから、異動のオファーを断るわけにはいかなかったの。
I _____ Chicago. We _____ _____ the transfer offer though, _____ with a big promotion.

(M) そうだよね。身辺を整理して、まったく新しい場所に引っ越すのはきっと大変だろうね。君が出発する前に、必ずいっしょにランチかなにかしようよ。
Yeah. _____ pick up and move to an entirely new place. _____ get together for lunch or something before you leave.

(F) いいわね。私は来週ならいつでも暇よ。
I'd like that. I'm free _____.

Unit 32 辞めてしまう同僚 213

Output C もっとしゃべる・書く

類似の英作文にトライ！

1. ダイアローグに登場したフレーズを利用して、英作文しよう
2. 「正解をチェック！」のページで答えを確認し、間違った問題に再チャレンジしよう
3. 難しい場合は、**Input B** の波線の文を参照して再学習しよう
4. CD音声だけを聞きながら、英作文やシャドーイングにチャレンジしよう／ 3-28

[1] 君が辞めるっていう噂が会社で立っているんだ。
There's a rumor going around the company **that** you are quitting.

Ⓐ 首相が入院しているという噂が立っています。
___

Ⓑ 会社の社長が辞職するという噂が立っています。
___

Ⓒ 東京の市街地にカジノができるという噂が立っています。
___

[2] 大きな昇進がついてきたから、異動のオファーを断るわけにはいきませんでした。
We **couldn't afford to** turn down the transfer offer, since it came with a big promotion.

Ⓐ 彼は再び仕事に遅れるわけにはいきませんでした。
___

Ⓑ 結婚したときには、ハネムーンをする余裕はありませんでした。
___

Ⓒ 大学に行く余裕がありませんでしたから、高校を出たらすぐに働き始めました。
___

[3] 身辺を整理して、まったく新しい場所に引っ越すのはきっと大変だろうね。
It must be tough to pick up and move to an entirely new place.

Ⓐ ふたりの子どもをひとりの親で育てるのは大変でしょうね。
___

Ⓑ 家から離れてそんなに長い時間を過ごすのは大変だろうね。
___

Ⓒ 言葉を話せない国に引っ越すのは大変だろうね。
___

＊ a parent to/of two children「ふたりの子どもの親」

<正解は p.245 で確認しよう>

Unit 33 出張からの帰宅
Coming Home from a Business Trip

▶ Input A 聴き取り

穴埋めディクテーション！

1. CDのナチュラル音声でダイアローグを聴き、穴埋めしよう／●3-29
2. 難しいときは、CDのスロー・ナチュラル音声で穴埋めしよう／●3-30

F Welcome back, John. How was your trip?

M The convention _____ _____ than we expected. There were _____-_____ _____ _____ attendees, and our booth was _____ _____.

F That's great! I was wondering what the convention _____ _____ _____ this year. Seeing how they changed _____ _____ _____ _____.

M You'll never guess who I ran into at the airport, though! I was just about to board my plane when somebody tapped me on the shoulder.

F _____ _____ _____ _____ _____ your brother again!?

M _____ _____ _____ _____. He was on a business trip too, _____ _____ _____ _____ _____ Dallas.

F We really need to go _____ _____. We _____ _____ _____ _____ in what ... two years!

M That's _____ _____ was thinking too. _____ _____ maybe we can visit them over Christmas this year.

▶️ Input B 聴き取り＋理解

センテンスごとに穴埋めの答えをチェック！

1. CDのナチュラル音声で解答をチェック＋英語に耳慣らししよう／● 3-29
2. 難しいときは、CDのスロー・ナチュラル音声で確認しよう／● 3-30
3. 日本語訳＋［文法］・［語い］・［発音］で理解を深めよう

F Welcome back, John. How was your trip?

お帰りなさい、ジョン。出張はどうだったの？

📖 Welcome back.「よく戻ったわね；お帰り」

M The convention **went better** than we expected. There were **record-setting numbers of** attendees, and our booth was **constantly busy**.

コンベンションは思ったよりもうまくいったよ。記録的な出席者が来て、うちのブースはずっと忙しかったよ。

📝 better than ...「…よりうまく」better は well の比較級。

📖 convention「集会；会議」　constantly「絶えず」

🔊 went, constantly から [t] 音が脱落。record-setting の [t] 音は弾音化。numbers of は連結。

F That's great! I was wondering what the convention **would be like** this year. Seeing how they changed **the location and all**.

それはすばらしいわ！今年のコンベンションはどうかなあって思ってたの。場所とかなんかを変更したことを考えるとね。

📝 what the convention would be「コンベンションの様子がどんなふうか」間接疑問の表現。Seeing ...「…を考えると」条件を表す分詞構文。 how they changed「彼らが変更した様子」how は先行詞 the way を含む関係副詞、あるいは、名詞節を作る接続詞とも考えられる。

📖 wonder「あれこれ思い巡らす」　location「場所」　... and all「…や、なにやかや」

🔊 would, and から破裂音が脱落。be は弱化。[d] が脱落した and は all に連結。

M You'll never guess who I ran into at the airport, though! I was just about to board my plane when somebody tapped me on the shoulder.

でもさ、僕が空港で偶然出会った人がだれだか知ったら驚くだろうね！　僕がちょうど飛行機に乗り込もうとしていたときに、だれかが僕の肩を叩いたんだよ。

- who I ran into「僕が偶然だれに会ったか」間接疑問の表現。　when ...「…のとき」時間を表す節をつくる。
- You'll never guess ...「…は君には想像もつかないだろう；…を知ったら君は驚くだろう」
  be just about to ...「ちょうど…するところだ」　tap A on B「A の B を叩く」

F **Don't tell me it was** your brother again!?

まさか、またあなたのお兄さんだったなんてことはないわよね？

- Don't tell me ...「まさか…なんて言わないでくれよ；…なんてことはないでしょうね」
- Don't, it の末尾で破裂音 [t] が脱落している。

M **You got it**. He was on a business trip too, **and heading back to** Dallas.

そのとおりさ。彼も出張で、ダラスに戻るところだったんだ。

- You got it.「正解だ」　on a business trip「出張中で」　head back to ...「…に向かって戻る」
- got it は連結部で [t] 音が弾音化。and, back の末尾から破裂音が脱落。

F We really need to go **visit them**. We **haven't been down there** in what ... two years!

私たち、ホントにお兄さんたちのところに行かないとね。あっちには、えっと…2 年も行ってないわ。

- haven't been「行っていない」現在完了形の経験用法。
- go visit「訪問する」
- visit, haven't の末尾から [t] 音が脱落。down there の連結部で [n] + [ð] が [n] 音に変化。

M That's **what I** was thinking too. **I suggested that** maybe we can visit them over Christmas this year.

僕もそう思っていたんだ。今年のクリスマスの時期に、たぶん彼らのところに行けるだろうって提案しておいたから。

- what I was thinking「僕の考えていたこと」what は先行詞を含む関係代名詞。
- suggest「提案する」　over ...「…（一定の時期）の間」
- what I は連結部で [t] 音が弾音化。that 末尾の [t] 音は脱落。

Unit 33　出張からの帰宅　217

Output A しゃべる
リピーティング・シャドーイング・音読しよう！

1. CDのスロー・ナチュラル音声に続いてパートごとにリピーティングしよう／ 3-31
2. CDのスロー・ナチュラル音声に合わせて、全体を通してシャドーイングしよう／ 3-30
3. CDのナチュラル音声に合わせて、全体を通してシャドーイングしよう／ 3-29
4. 音読トレーニングでさらに英語を定着させよう

F Welcome back, John. How was your trip?

M The convention **went better** than we expected. There were **record-setting numbers of** attendees, and our booth was **constantly busy**.

F That's great! I was wondering what the convention **would be like** this year. Seeing how they changed **the location and all**.

M You'll never guess who I ran into at the airport, though! I was just about to board my plane when somebody tapped me on the shoulder.

F **Don't tell me it was** your brother again!?

M **You got it**. He was on a business trip too, **and heading back to** Dallas.

F We really need to go **visit them**. We **haven't been down there** in what ... two years!

M That's **what I** was thinking too. **I suggested that** maybe we can visit them over Christmas this year.

◎ 全文訳 ◎

F お帰りなさい、ジョン。出張はどうだったの？

M コンベンションは思ったよりもうまくいったよ。記録的な出席者が来て、うちのブースはずっと忙しかったよ。

F それはすばらしいわ！ 今年のコンベンションはどうかなあって思ってたの。場所とかなんかを変更したことを考えるとね。

M でもさ、僕が空港で偶然出会った人がだれだか知ったら驚くだろうね！ 僕がちょうど飛行機に乗り込もうとしていたときに、だれかが僕の肩を叩いたんだよ。

F まさか、またあなたのお兄さんだったなんてことはないわよね？

M そのとおりさ。彼も出張で、ダラスに戻るところだったんだ。

F 私たち、ホントにお兄さんたちのところに行かないとね。あっちには、えっと…2年も行ってないわ。

M 僕もそう思っていたんだ。今年のクリスマスの時期に、たぶん彼らのところに行けるだろうって提案しておいたから。

Output B 集中して書く

日本語と英語の一部をヒントに、全文を書いてみよう！

1. これまでに学習したダイアローグの空欄部分を書いてみよう
2. Output A を見ながら解答を確認しよう
3. 解けなかった部分は Input B に戻って再学習しよう

F お帰りなさい、ジョン。出張はどうだったの？

_____, John. How was your trip?

M コンベンションは思ったよりもうまくいったよ。記録的な出席者が来て、うちのブースはずっと忙しかったよ。

The convention went _____. There were record-setting numbers of attendees, and our _____ busy.

F それはすばらしいわ！ 今年のコンベンションはどうかなあって思ってたの。場所とかなんかを変更したことを考えるとね。

That's great! _____ the convention _____ _____ this year. Seeing how they _____.

M でもさ、僕が空港で偶然出会った人がだれだか知ったら驚くだろうね！ 僕がちょうど飛行機に乗り込もうとしていたときに、だれかが僕の肩を叩いたんだよ。

_____ I ran into at the airport, though! I was _____ when somebody _____ _____ the shoulder.

F まさか、またあなたのお兄さんだったなんてことはないわよね？

_____ it was your brother again!?

M そのとおりさ。彼も出張で、ダラスに戻るところだったんだ。

_____. He was on a business trip too, and _____ Dallas.

F 私たち、ホントにお兄さんたちのところに行かないとね。あっちには、えっと…2 年も行ってないわ。

We really need to go visit them. We _____ in what ... two years!

M 僕もそう思っていたんだ。今年のクリスマスの時期に、たぶん彼らのところに行けるだろうって提案しておいたから。

_____ thinking too. _____ maybe we can visit them over Christmas this year.

Unit 33 出張からの帰宅   219

Output C もっとしゃべる・書く

類似の英作文にトライ！

1. ダイアローグに登場したフレーズを利用して、英作文しよう
2. 「正解をチェック！」のページで答えを確認し、間違った問題に再チャレンジしよう
3. 難しい場合は、**Input B** の波線の文を参照して再学習しよう
4. CD音声だけを聞きながら、英作文やシャドーイングにチャレンジしよう／3-32

[1] コンベンションは、僕らが思ったよりもうまくいったよ。
The convention went better **than we expected**.

Ⓐ 高速道路は、僕らが思ってたより混雑していました。
_____

Ⓑ 航空運賃は、僕らが思っていたよりも高額でした。
_____

Ⓒ ビーチ・リゾートは、僕らが思っていたよりもさらにきれいでしたよ。
_____

[2] 今年のコンベンションはどうかなあって思ってたの。
I was wondering what the convention **would be like** this year.

Ⓐ 今週末のお天気はどうかなあって思っていたんです。
_____

Ⓑ そのコンサートはどんなふうかなあと思っていたんです。
_____

Ⓒ 新しい上司はどんな人かなあと思っていたんです。
_____

[3] 今年のクリスマスの時期に、たぶん彼らのところに行けるだろうって提案しておきました。
I suggested that maybe we can visit them over Christmas this year.

Ⓐ できるだけ早く医者に診せるようにと、彼に提案しておきました。
_____

Ⓑ 僕らの家を買うのは、市場が回復するまで待つように提案しておきました。
_____

Ⓒ 彼女の英語上達のためには、少なくとも6カ月は海外留学するように提案しておきました。
_____

<正解は p.245 で確認しよう>

Unit 34 兄の入院
Brother in the Hospital

▶ Input A 聴き取り

穴埋めディクテーション！

1. CDのナチュラル音声でダイアローグを聴き、穴埋めしよう／3-33
2. 難しいときは、CDのスロー・ナチュラル音声で穴埋めしよう／3-34

(M) Hey Sarah. Why the long face?

(F) I _____ _____ _____ _____ my brother was _____ _____ the hospital. They are _____ _____ what's wrong with him.

(M) Oh. I'm really sorry to hear that. _____ _____ his symptoms?

(F) He collapsed at his office. From _____ _____ _____, he _____ _____ _____ _____ _____ or a stroke, but the cause is unknown.

(M) He lives in Chicago, right? Are you _____ _____ _____ _____?

(F) Yes, I'm planning on flying home _____. I _____ _____ _____ flight today, so I figured _____ _____ _____ well come in and _____ _____ _____. My parents are with him now, of course.

(M) Well, If there is anything I can do for you just let me know.

(F) Thanks Mark. I really _____ _____.

➡️ Input B 聴き取り＋理解

センテンスごとに穴埋めの答えをチェック！

1. CDのナチュラル音声で解答をチェック＋英語に耳慣らししよう／●3-33
2. 難しいときは、CDのスロー・ナチュラル音声で確認しよう／●3-34
3. 日本語訳＋［文法］・［語い］・［発音］で理解を深めよう

Ⓜ Hey Sarah. Why the long face?

おや、サラ。どうして浮かない顔をしているの？

- long face「浮かぬ顔」

Ⓕ I just found out that my brother was admitted to the hospital. They are not sure what's wrong with him.

兄が入院したってことが、ちょうどいまわかったところなの。どこが悪いかははっきりわからないの。

- what's wrong with him「彼のなにが悪いのか」間接疑問の表現。
- find out「わかる」 be admitted to the hospital「入院する」
- just, that, not の末尾で破裂音［t］が脱落。admitted で［t］音が弾音化。

Ⓜ Oh. I'm really sorry to hear that. What are his symptoms?

ああ、それはほんとうにお気の毒に。症状はどうなの？

- to hear that「それを聞いて」感情の原因を表す。
- symptom「症状」
- What are の連結部で［t］音が弾音化している。

Ⓕ He collapsed at his office. From what I've heard, he didn't have a heart attack or a stroke, but the cause is unknown.

オフィスで倒れたのよ。聞いたところでは、心臓発作や脳卒中ではなかったけど、原因不明なんだって。

- from what I've heard「私の聞いたところでは」what は先行詞を含む関係代名詞。
- collapse「倒れる；崩れる」 heart attack「心臓発作」 stroke「脳卒中」 cause「原因」 unknown「わからない；不明の」
- what I've の連結部で［t］音が弾音化。didn't の［dn］で［d］音が声門閉鎖音化。have a は連結。heart attack の連結部では［t］音が弾音化。

Ⓜ He lives in Chicago, right? Are you **going to visit him**?

彼はシカゴ在住なんでしょ？ 彼のところにお見舞いに行くの？

- Are you going to ...?「…するつもりですか?」予定をたずねる疑問文。
- going to は［ゴナ］と変化。visit him の連結部で［t］音が弾音化。

Ⓕ Yes, I'm planning on flying home **tomorrow**. I **couldn't get a** flight today, so I figured **I might as** well come in and **try to work**. My parents are with him now, of course.

ええ、明日、実家に飛行機で帰る予定よ。今日のフライトは取れなかったから、会社に来て仕事をしたほうがよさそうだと思ったのよ。もちろん、いまは両親が兄といっしょにいてくれているわ。

- plan on flying home「飛行機で帰省することを予定する」flying は動名詞。
- fly home「飛行機で帰省する」 flight「フライト；飛行機の便」 figure「思う；考える」 might as well ...「…したほうがよさそうだ」
- tomorrow, to や get a, might as の連結部で［t］音が弾音化。couldn't 末尾の［t］音は脱落。

Ⓜ Well, if there is anything I can do for you just let me know.

そうか、君のために僕にできることがなにかあれば、知らせてね。

- anything I can do「なにか僕にできること」目的格の関係代名詞が省略されている。 let me know「僕に知らせて」let は使役動詞。

Ⓕ Thanks Mark. I really **appreciate that**.

ありがとう、マーク。感謝するわ。

- appreciate「感謝する」
- appreciate, that の末尾から［t］音が脱落。

Unit 34 兄の入院　223

◀ Output A しゃべる
リピーティング・シャドーイング・音読しよう！

1. CDのスロー・ナチュラル音声に続いてパートごとにリピーティングしよう／●3-35
2. CDのスロー・ナチュラル音声に合わせて、全体を通してシャドーイングしよう／●3-34
3. CDのナチュラル音声に合わせて、全体を通してシャドーイングしよう／●3-33
4. 音読トレーニングでさらに英語を定着させよう

M Hey Sarah. Why the long face?

F I **just found out that** my brother was **admitted to** the hospital. They are **not sure** what's wrong with him.

M Oh. I'm really sorry to hear that. **What are** his symptoms?

F He collapsed at his office. From **what I've heard**, he **didn't have a heart attack** or a stroke, but the cause is unknown.

M He lives in Chicago, right? Are you **going to visit him**?

F Yes, I'm planning on flying home **tomorrow**. I **couldn't get a** flight today, so I figured **I might as** well come in and **try to work**. My parents are with him now, of course.

M Well, if there is anything I can do for you just let me know.

F Thanks Mark. I really **appreciate that**.

◎ 全文訳 ◎

M おや、サラ。どうして浮かない顔をしているの？

F 兄が入院したってことが、ちょうどいまわかったところなの。どこが悪いかははっきりわからないの。

M ああ、それはほんとうにお気の毒に。症状はどうなの？

F オフィスで倒れたのよ。聞いたところでは、心臓発作や脳卒中ではなかったけど、原因不明なんだって。

M 彼はシカゴ在住なんでしょ？ 彼のところにお見舞いに行くの？

F ええ、明日、実家に飛行機で帰る予定よ。今日のフライトは取れなかったから、会社に来て仕事をしたほうがよさそうだと思ったのよ。もちろん、いまは両親が兄といっしょにいてくれているわ。

M そうか、君のために僕にできることがなにかあれば、知らせてね。

F ありがとう、マーク。感謝するわ。

Output B 集中して書く
日本語と英語の一部をヒントに、全文を書いてみよう！

1. これまでに学習したダイアローグの空欄部分を書いてみよう
2. Output A を見ながら解答を確認しよう
3. 解けなかった部分は Input B に戻って再学習しよう

M おや、サラ。どうして浮かない顔をしているの？
Hey Sarah. Why the _____?

F 兄が入院したってことが、ちょうどいまわかったところなの。どこが悪いかははっきりわからないの。
I just found out that my brother _____ the hospital. They are not sure _____ him.

M ああ、それはほんとうにお気の毒に。症状はどうなの？
Oh. _____ hear that. What are _____?

F オフィスで倒れたのよ。聞いたところでは、心臓発作や脳卒中ではなかったけど、原因不明なんだって。
He collapsed at his office. _____, he didn't have a heart attack or a stroke, but the _____.

M 彼はシカゴ在住なんでしょ？ 彼のところにお見舞いに行くの？
He lives in Chicago, right? Are you going to visit him?

F ええ、明日、実家に飛行機で帰る予定よ。今日のフライトは取れなかったから、会社に来て仕事をしたほうがよさそうだと思ったのよ。もちろん、いまは両親が兄といっしょにいてくれているわ。
Yes, _____ home tomorrow. I couldn't get a flight today, so I figured _____ work. My parents are with him now, of course.

M そうか、君のために僕にできることがなにかあれば、知らせてね。
Well, _____ anything I can do for you _____.

F ありがとう、マーク。感謝するわ。
Thanks Mark. I really _____.

Unit 34 兄の入院 225

Output C もっとしゃべる・書く

類似の英作文にトライ！

1. ダイアローグに登場したフレーズを利用して、英作文しよう
2. 「正解をチェック！」のページで答えを確認し、間違った問題に再チャレンジしよう
3. 難しい場合は、**Input B** の波線の文を参照して再学習しよう
4. CD音声だけを聞きながら、英作文やシャドーイングにチャレンジしよう／●3-36

[1] 兄が入院したってことが、ちょうどいまわかったところなんです。
I just found out that my brother was admitted to the hospital.

Ⓐ 妻が妊娠しているのが、ちょうどいまわかったんです。
_____

Ⓑ 来月、大阪支社に転勤になるのが、ちょうどいまわかったところなんです。
_____

Ⓒ だれかが車に泥棒に入って私のゴルフ・クラブを盗んだことが、ちょうどいまわかったんです。
_____

[2] それはほんとうにお気の毒に。
I'm really sorry to hear that.

Ⓐ お仕事を失ったことは、ほんとうにお気の毒でしたね。
_____

Ⓑ お母様が入院されているのは、ほんとうにお気の毒ですね。
_____

Ⓒ 彼らが離婚することは、ほんとうに気の毒なことですね。
_____

[3] 私が聞いたところでは、心臓発作や脳卒中ではなかったけど、原因不明なんですって。
From what I've heard, he didn't have a heart attack or a stroke, but the cause is unknown.

Ⓐ 聞いたところでは、政府は金利を引き下げるそうなんですよ。
_____

Ⓑ 聞いたところでは、ガソリン価格が急上昇する見込みらしいんです。
_____

Ⓒ 聞いたところでは、取締役会が今週末に開かれるそうなんです。
_____

* be supposed to ...「…であるはずだ；…と想定されている」

<正解は p.246 で確認しよう>

Unit 35 旅の予定 Travel Plans

▶ Input A 聴き取り

穴埋めディクテーション！

1. CDのナチュラル音声でダイアローグを聴き、穴埋めしよう／3-37
2. 難しいときは、CDのスロー・ナチュラル音声で穴埋めしよう／3-38

M Reading a travel magazine, huh? Are you _____ _____ _____ somewhere?

F My husband and I were thinking about taking a trip overseas. Neither of us _____ _____ _____ _____ _____ _____ country before.

M That's great. You _____ _____ go. Do you already have your passports?

F _____ _____. I couldn't believe how expensive it was to apply for them! We _____ _____ _____ _____ _____ money until we were sure we were _____ _____ travel.

M I thought that way at first too. But once I got my passport I was even more _____ _____ _____ _____! _____ _____ _____ _____, it takes several weeks or more to get them once you apply.

F Gosh I didn't think about that! We were _____ _____ _____ next month!

M Well you _____ _____ _____ _____ ball rolling then!

▶ Input B 聴き取り＋理解

センテンスごとに穴埋めの答えをチェック！

1. CDのナチュラル音声で解答をチェック＋英語に耳慣らししよう／◯3-37
2. 難しいときは、CDのスロー・ナチュラル音声で確認しよう／◯3-38
3. 日本語訳＋［文法］・［語い］・［発音］で理解を深めよう

M Reading a travel magazine, huh? Are you **looking to go** somewhere?

旅行雑誌を読んでいるね？ どこかに行くつもりなの？

- (You are) reading ..., huh?「君は…しているんだね？」の省略。付加疑問文と同様の働きをしている。
- travel magazine「旅行雑誌」 look to ...「…する意向だ；…するつもりだ」 somewhere「どこかに」
- looking の［g］音が脱落しつつ、弱化した to［ゥ］に連結。

F My husband and I were thinking about taking a trip overseas. Neither of us **has ever been out of the** country before.

夫とふたりで海外旅行をしようと思っていたの。私たちふたりともこれまで海外に出かけたことがないのよ。

- Neither of us have ever been out of ...「私たちのどちらも…を出たことがない」現在完了の経験用法。
- take a trip overseas「海外旅行をする」
- has は弱化し［アズ］と発話。out of の連結部で［t］音が弾音化。of 末尾の［v］音は脱落。

M That's great. You **definitely should** go. Do you already have your passports?

それはいいね。絶対に行くべきだよ。もうパスポートは持っているの？

- should ...「…すべきだ」推奨を表す。
- definitely「絶対に」 already「すでに」
- definitely の［t］音が弾音化している。

F **Not yet**. I couldn't believe how expensive it was to apply for them! We **didn't want to spend the** money until we were sure we were **going to** travel.

まだなの。申請にかかる費用が、信じられないくらいに、ものすごく高かったの！ はっきり旅行に出かけるとわかるまでは、まだお金をかけたくなかったのよ。

- how expensive it was to apply「申請するのがどれほど高価か」感嘆文が間接疑問の役割を果たしている。it was ... 以降は、it ... to ... の構文。to 以降が it の内容を表す。
- expensive「高価な」 apply「申請する」
- Not, yet, didn't から [t] 音が脱落。want to は [ワナ] と変化。spend の [d] が脱落しながら the に連結。連結部で [n] + [ð] が [n] 音に変化。going to は [ゴナ] と変化。

(M) I thought that way at first too. But once I got my passport I was even more **motivated to use it**! **On top of that**, it takes several weeks or more to get them once you apply.

僕も最初はそう思っていたよ。でも、いったんパスポートを取ると、もっと使おうとモチベーションが上がったんだよ。それに、申し込むと、受け取りまでに数週間以上かかるんだよ。

- that way「そんなふうに」 once ...「いったん…すると」 even more ...「さらに…」
  motivated「動機づけられて；モチベーションが上がって」
- motivated で [t] 音が弾音化。it, that の末尾で [t] 音が脱落。top of は連結し、末尾の [v] 音も脱落。

(F) Gosh I didn't think about that! We were **hoping to go** next month!

ありゃー、それは考えてなかったわ！ 来月、行こうと思っていたの！

- Gosh「あちゃー」驚き・よろこび・不快感などを表す。
- hoping 末尾の [g] 音が脱落。to では [t] 音が弾音化している。

(M) Well you **had better get the** ball rolling then!

じゃあ、すぐに動いたほうがいいね！

- get the ball rolling「(仕事などの物事を) 動かし始める」rolling は目的格補語。
- had better ...「…したほうがいい (さもないと) …」
- had は弱化して[ァッ]の音だけが残る。better の[t]音は弾音化。get 末尾の[t]音は脱落している。

◀ Output A しゃべる
リピーティング・シャドーイング・音読しよう！

1. CDのスロー・ナチュラル音声に続いてパートごとにリピーティングしよう／ ● 3-39
2. CDのスロー・ナチュラル音声に合わせて、全体を通してシャドーイングしよう／ ● 3-38
3. CDのナチュラル音声に合わせて、全体を通してシャドーイングしよう／ ● 3-37
4. 音読トレーニングでさらに英語を定着させよう

Ⓜ Reading a travel magazine, huh? Are you **looking to go** somewhere?

Ⓕ My husband and I were thinking about taking a trip overseas. Neither of us **has ever been out of the** country before.

Ⓜ That's great. You **definitely should** go. Do you already have your passports?

Ⓕ **Not yet**. I couldn't believe how expensive it was to apply for them! We **didn't want to spend the** money until we were sure we were **going to** travel.

Ⓜ I thought that way at first too. But once I got my passport I was even more **motivated to use it**! **On top of that**, it takes several weeks or more to get them once you apply.

Ⓕ Gosh I didn't think about that! We were **hoping to go** next month!

Ⓜ Well you **had better get the** ball rolling then!

○ 全文訳 ○

Ⓜ 旅行雑誌を読んでいるね？ どこかに行くつもりなの？

Ⓕ 夫とふたりで海外旅行をしようと思っていたの。私たちふたりともこれまで海外に出かけたことがないのよ。

Ⓜ それはいいね。絶対に行くべきだよ。もうパスポートは持っているの？

Ⓕ まだなの。申請にかかる費用が、信じられないくらいに、ものすごく高かったの！ はっきり旅行に出かけるとわかるまでは、まだお金をかけたくなかったのよ。

Ⓜ 僕も最初はそう思っていたよ。でも、いったんパスポートを取ると、もっと使おうとモチベーションが上がったんだよ。それに、申し込むと、受け取りまでに数週間以上かかるんだよ。

Ⓕ ありゃー、それは考えてなかったわ！ 来月、行こうと思っていたの！

Ⓜ じゃあ、すぐに動いたほうがいいね！

Output B 集中して書く

日本語と英語の一部をヒントに、全文を書いてみよう！

1. これまでに学習したダイアローグの空欄部分を書いてみよう
2. **Output A** を見ながら解答を確認しよう
3. 解けなかった部分は **Input B** に戻って再学習しよう

(M) 旅行雑誌を読んでいるね？ どこかに行くつもりなの？
Reading a travel magazine, huh? Are you _____?

(F) 夫とふたりで海外旅行をしようと思っていたの。私たちふたりともこれまで海外に出かけたことがないのよ。
My husband and I were thinking about _____.
_____ been out of the country before.

(M) それはいいね。絶対に行くべきだよ。もうパスポートは持っているの？
That's great. You _____. Do you already have your passports?

(F) まだなの。申請にかかる費用が、信じられないくらいに、ものすごく高かったの！ はっきり旅行に出かけるとわかるまでは、まだお金をかけたくなかったのよ。
_____. I couldn't believe _____ apply for them! We didn't want to spend the money _____ we were going to travel.

(M) 僕も最初はそう思っていたよ。でも、いったんパスポートを取ると、もっと使おうとモチベーションが上がったんだよ。それに、申し込むと、受け取りまでに数週間以上かかるんだよ。
_____ at first too. But _____ I was _____ to use it! On top of that, it takes several weeks or more _____.

(F) ありゃ、それは考えてなかったわ！ 来月、行こうと思っていたの！
Gosh I didn't think about that! We were hoping to go next month!

(M) じゃあ、すぐに動いたほうがいいね！
Well you _____ then!

Unit 35 旅の予定　231

Output C もっとしゃべる・書く

類似の英作文にトライ！

1. ダイアローグに登場したフレーズを利用して、英作文しよう
2. 「正解をチェック！」のページで答えを確認し、間違った問題に再チャレンジしよう
3. 難しい場合は、**Input B** の波線の文を参照して再学習しよう
4. CD音声だけを聞きながら、英作文やシャドーイングにチャレンジしよう／3-40

[1] どこかに行くつもりなの？
Are you looking to go somewhere?

Ⓐ 新しい服を買うつもりなの？
＿＿＿＿＿＿＿＿＿＿＿＿＿＿＿＿＿＿＿＿＿＿＿＿＿＿＿＿＿＿＿＿＿＿＿＿

Ⓑ 学士号を取ったら、学校を変わるつもりなの？
＿＿＿＿＿＿＿＿＿＿＿＿＿＿＿＿＿＿＿＿＿＿＿＿＿＿＿＿＿＿＿＿＿＿＿＿

Ⓒ 残りの人生をバーテンダーとして過ごすつもりなの？
＿＿＿＿＿＿＿＿＿＿＿＿＿＿＿＿＿＿＿＿＿＿＿＿＿＿＿＿＿＿＿＿＿＿＿＿

＊ undergrad degree「学士号」　stay being a bartender「バーテンダーのままでいる」

[2] その申請にかかる費用が、信じられないくらいに、ものすごく高かったの！
I couldn't believe how expensive it was to apply for them!

Ⓐ イタリアの料理は信じられないくらいにおいしかったの！
＿＿＿＿＿＿＿＿＿＿＿＿＿＿＿＿＿＿＿＿＿＿＿＿＿＿＿＿＿＿＿＿＿＿＿＿

Ⓑ 昨夜は信じられないくらいの寒さになったの！
＿＿＿＿＿＿＿＿＿＿＿＿＿＿＿＿＿＿＿＿＿＿＿＿＿＿＿＿＿＿＿＿＿＿＿＿

Ⓒ 日本の電車は信じられないほど効率よく走っていたの！
＿＿＿＿＿＿＿＿＿＿＿＿＿＿＿＿＿＿＿＿＿＿＿＿＿＿＿＿＿＿＿＿＿＿＿＿

[3] はっきり旅行に出かけるとわかるまでは、まだお金をかけたくなかったのよ。
We didn't want to spend the money **until** we were sure we were going to travel.

Ⓐ 彼らを支えられるとわかるまでは、子どもは欲しくなかったんです。
＿＿＿＿＿＿＿＿＿＿＿＿＿＿＿＿＿＿＿＿＿＿＿＿＿＿＿＿＿＿＿＿＿＿＿＿

Ⓑ 結婚式の日取りを決めるまでは、婚約を発表したくなかったんです。
＿＿＿＿＿＿＿＿＿＿＿＿＿＿＿＿＿＿＿＿＿＿＿＿＿＿＿＿＿＿＿＿＿＿＿＿

Ⓒ 彼は、ほかの仕事を見つけるまでは、辞表を出したくなかったんです。
＿＿＿＿＿＿＿＿＿＿＿＿＿＿＿＿＿＿＿＿＿＿＿＿＿＿＿＿＿＿＿＿＿＿＿＿

＜正解は p.246 で確認しよう＞

Unit 36 新しい電話の新着信音
New Ringtone for New Phone

▶ Input A 聴き取り

穴埋めディクテーション！

1. CDのナチュラル音声でダイアローグを聴き、穴埋めしよう／3-41
2. 難しいときは、CDのスロー・ナチュラル音声で穴埋めしよう／3-42

M Hey Mary. Do you have a minute? I _____ _____ _____.

F Sure. What's up?

M You have a zPhone 8, right? I'm trying to download this ringtone, _____ _____ _____ seem _____ _____ _____ _____ _____.

F _____ _____ see your phone. Ah … I see _____ _____ _____ is. You have to log _____ _____ _____ before you can access zTunes.

M Do I have to do _____ _____ _____ app is free?

F Yep. Once you log in you _____ _____ _____ _____ _____ _____ you are always logged in though. That's _____ _____ _____. _____ _____ I don't have to go through the trouble of logging in every time I _____ _____ _____ something.

M Got it. This is my first time using a zPhone. I'm still _____ _____ _____ _____.

▶ Input B 聴き取り＋理解

センテンスごとに穴埋めの答えをチェック！

1. CDのナチュラル音声で解答をチェック＋英語に耳慣らししよう／ 3-41
2. 難しいときは、CDのスロー・ナチュラル音声で確認しよう／ 3-42
3. 日本語訳＋［文法］・［語い］・［発音］で理解を深めよう

M Hey Mary. Do you have a minute? I **need your help**.

やあ、メアリー。ちょっといいかな？ 助けてほしいんだよ。

- Do you have a minute?「少し時間はある？」a minute は「ちょっと (の時間)」。
- need your は連結部で [d] + [j] が混じり合い [ジュ] に近い音に変化。

F Sure. What's up?

いいわよ。どうしたの？

- What's up?「どうしたの？」ほかにも「最近どう？；調子はどう？；元気？」などの意味であいさつにも用いられる。

M You have a zPhone 8, right? I'm trying to download this ringtone, **but I can't** seem **to get it to work**.

君は zPhone 8 を持ってるよね？ 僕、この着信音をダウンロードしようとしているんだけど、どうもうまくいかないみたいなんだ。

- try to ...「…しようとする」不定詞の名詞的用法。
- ... right?「…でしょ？」 download「ダウンロードする」 ringtone「着信音」 I can't seem to ...「どうも…できないようだ」 get it to work「それを動作させる」
- but I, get it の連結部や 2 カ所の to で [t] 音が弾音化。it 末尾の [t] 音は脱落。

F **Let me** see your phone. Ah ... I see **what the problem** is. You have to log **into your account** before you can access zTunes.

あなたの電話、ちょっと見せて。ああ…問題がわかったわ。自分のアカウントにログインしないと zTunes にはアクセスできないのよ。

- Let me see ...「私に…を見せて」let は使役動詞。 what the problem is「なにが問題か」間接疑問の表現。
- log into ...「…にログインする」 account「アカウント；口座」 access「アクセスする；接続する」
- Let, what, account 末尾の [t] 音が脱落。into の [t] 音は弾音化。

(M) Do I have to do **that even if the** app is free?

アプリが無料でもそうしなきゃダメなの？

- even if ...「…の場合でさえ」条件や場合を表す。
- app「アプリケーション；ソフトウェア」 free「無料の」
- that even の連結部で破裂音［ t ］が弾音化。

(F) Yep. Once you log in you **can set it up so that** you are always logged in though. That's **what I do**. **That way** I don't have to go through the trouble of logging in every time I **want to download** something.

そうよ。でも、一度ログインすれば、ずっとログインした状態にできるように設定できるの。私はそうしているの。そうすれば、毎回なにかをダウンロードしたいときに、面倒なログインをしなくていいからね。

- once A, B.「一度 A すれば、B だ」 set up「設定する」 be logged in「ログイン状態にある」 That way ...「そうすれば…」 go through the trouble of ...「面倒な…をやる」
- set it up では 2 カ所の連結部で弾音化が生じている。so that は［サザッ__］と発話。so が弱化し、末尾の［ t ］音が脱落。what I の連結部でも［ t ］音が弾音化している。That way からは That 末尾の［ t ］音が脱落。want to は［ワナ］と変化。

(M) Got it. This is my first time using a zPhone. I'm still **getting used to it**.

そうなんだ。僕は、今回はじめて zPhone を使っているんだよ。まだ、慣れているところなんだ。

- be one's first time using ...「…をはじめて使っている」using は現在分詞。
- get used to ...「…に慣れる」
- getting の［ t ］音が弾音化。used, it 末尾の［ t ］音が脱落。

Unit 36 新しい電話の新着信音

◀ Output A　しゃべる
リピーティング・シャドーイング・音読しよう！

1. CDのスロー・ナチュラル音声に続いてパートごとにリピーティングしよう／🔊 3-43
2. CDのスロー・ナチュラル音声に合わせて、全体を通してシャドーイングしよう／🔊 3-42
3. CDのナチュラル音声に合わせて、全体を通してシャドーイングしよう／🔊 3-41
4. 音読トレーニングでさらに英語を定着させよう

M Hey Mary. Do you have a minute? I **need your help**.

F Sure. What's up?

M You have a zPhone 8, right? I'm trying to download this ringtone, **but I can't** seem **to get it to work**.

F **Let me** see your phone. Ah ... I see **what the problem** is. You have to log **into your account** before you can access zTunes.

M Do I have to do **that even if the** app is free?

F Yep. Once you log in you **can set it up so that** you are always logged in though. That's **what I do**. **That way** I don't have to go through the trouble of logging in every time I **want to download** something.

M Got it. This is my first time using a zPhone. I'm still **getting used to it**.

◎ 全文訳 ◎

M やあ、メアリー。ちょっといいかな？ 助けてほしいんだよ。

F いいわよ。どうしたの？

M 君は zPhone 8 を持ってるよね？ 僕、この着信音をダウンロードしようとしているんだけど、どうもうまくいかないみたいなんだ。

F あなたの電話、ちょっと見せて。ああ…問題がわかったわ。自分のアカウントにログインしないと zTunes にはアクセスできないのよ。

M アプリが無料でもそうしなきゃダメなの？

F そうよ。でも、一度ログインすれば、ずっとログインした状態にできるように設定できるの。私はそうしているの。そうすれば、毎回なにかをダウンロードしたいときに、面倒なログインをしなくていいからね。

M そうなんだ。僕は、今回はじめて zPhone を使っているんだよ。まだ、慣れているところなんだ。

Output B 集中して書く

日本語と英語の一部をヒントに、全文を書いてみよう！

1. これまでに学習したダイアローグの空欄部分を書いてみよう
2. Output A を見ながら解答を確認しよう
3. 解けなかった部分は Input B に戻って再学習しよう

M やあ、メアリー。ちょっといいかな？ 助けてほしいんだよ。

Hey Mary. Do you _____? I need your help.

F いいわよ。どうしたの？

Sure. _____?

M 君は zPhone 8 を持ってるよね？ 僕、この着信音をダウンロードしようとしているんだけど、どうもうまくいかないみたいなんだ。

You have a zPhone 8, right? I'm _____,
but I _____ to work.

F あなたの電話、ちょっと見せて。ああ…問題がわかったわ。自分のアカウントにログインしないと zTunes にはアクセスできないのよ。

Let me see your phone. Ah ... I see _____ is. You have to log into your account _____ zTunes.

M アプリが無料でもそうしなきゃダメなの？

Do I have to do that _____?

F そうよ。でも、一度ログインすれば、ずっとログインした状態にできるように設定できるの。私はそうしているの。そうすれば、毎回なにかをダウンロードしたいときに、面倒なログインをしなくていいからね。

Yep. _____ you can set it up _____
_____ though. _____ I do. That way I don't have to _____
_____ logging in _____ I want to download
something.

M そうなんだ。僕は、今回はじめて zPhone を使っているんだよ。まだ、慣れているところなんだ。

Got it. This is _____ a zPhone. I'm _____
to it.

Unit 36 新しい電話の新着信音 237

Output C もっとしゃべる・書く

類似の英作文にトライ！

1. ダイアローグに登場したフレーズを利用して、英作文しよう
2. 「正解をチェック！」のページで答えを確認し、間違った問題に再チャレンジしよう
3. 難しい場合は、**Input B** の波線の文を参照して再学習しよう
4. CD音声だけを聞きながら、英作文やシャドーイングにチャレンジしよう／3-44

[1] この着信音をダウンロードしようとしているんですが、どうもうまくいかないみたいなんです。
I'm trying to download this ringtone, **but I can't seem to** get it to work.

Ⓐ 運転免許を取りたいんですが、どうも試験に受かりそうにないんです。
_____

Ⓑ 彼女を見つけたいんですが、どうも好きな女性が見つからなさそうなんです。
_____

Ⓒ 留学したいんですが、どうもTOEFLで500点を超えられそうにないんです。
_____

* meet a woman「女性に出会う」

[2] 自分のアカウントにログインしないと zTunes にはアクセスできません。
You have to log into your account **before you can** access zTunes.

Ⓐ 卒業試験に合格しないと、卒業はできません。
_____

Ⓑ 6カ月働かないと、有給休暇はもらえません。
_____

Ⓒ 65歳にならないと、年金は受け取れません。
_____

* final exams「卒業試験」 social security「社会保障の年金」

[3] はじめて zPhone を使っているんです。
This is my first time using a zPhone.

Ⓐ はじめてニューヨーク市を訪問しているんです。
_____

Ⓑ 焼酎を飲むのは、はじめてです。
_____

Ⓒ これほど大きな会社で働くのは、はじめてです。
_____

<正解は p.246 で確認しよう>

Unit 37 久しぶりだね
Long Time No See

▶ Input A 聴き取り

穴埋めディクテーション！

1. CDのナチュラル音声でダイアローグを聴き、穴埋めしよう／ 3-45
2. 難しいときは、CDのスロー・ナチュラル音声で穴埋めしよう／ 3-46

M Kathy! Is that you!? Long time no see! You look great! _____ _____ _____ some weight?

F Good to see you Jill. Thanks for noticing. _____ _____ _____ _____ _____ for two months. Since I _____ I've lost _____ _____-_____ pounds!

F That's fantastic! What kind of _____ _____ _____?

F I _____ _____ _____ breads or carbohydrates. I also _____ _____ stay away from sweets of any kind.

F Are you exercising too?

F I don't have the time or discipline for that. _____ _____ _____ _____ of _____ _____ _____ eat. At first it was really difficult, but now _____ _____ _____ _____.

F I _____ _____ _____ lose a few pounds myself. Maybe I should give _____ _____ _____ _____.

F I have a book I can give you _____ _____ _____ _____.

▶ Input B 聴き取り＋理解

センテンスごとに穴埋めの答えをチェック！

1. CDのナチュラル音声で解答をチェック＋英語に耳慣らししよう／ 3-45
2. 難しいときは、CDのスロー・ナチュラル音声で確認しよう／ 3-46
3. 日本語訳＋［文法］・［語い］・［発音］で理解を深めよう

F Kathy! Is that you!? Long time no see! You look great! **Did you lose** some weight?

キャシー！ あなたなの？ 久しぶりね！ 元気そうね！ ちょっとやせた？

- Long time no see!「久しぶり！」直訳は、「長いこと会っていないね」久しぶりに会った相手へのひとこと。 lose weight「体重が減る」
- Did you では、連結部で［d］＋［j］が混じり合い［ジュ］に近い音に変化。

F Good to see you Jill. Thanks for noticing. **I've been on a diet** for two months. Since I **started** I've lost almost **twenty-five** pounds!

会えてうれしいわジル！ 気づいてくれてありがとう。2カ月ダイエットしているの。始めてから、ほぼ25ポンド減ったのよ！

- Thanks for -ing「…してくれてありがとう」 -ing は動名詞。 I've been on a diet「ずっとダイエット中だ」現在完了形の継続用法。 Since A, B.「A 以来 B だ」since は時間の起点を表す。
- on a diet「ダイエット中で」 almost ...「ほぼ…」
- I've から［v］音が脱落する。been は弱化。on a は連結。diet, almost, twenty から破裂音［t］が脱落。started の［t］音は弾音化している。

F That's fantastic! What kind of **diet is it**?

すばらしいわ！ それってどんなダイエットなの？

- what kind of ...「どんな種類の…」
- diet is it が連結。diet is の連結部では［t］音が弾音化している。

F I **don't eat any** breads or carbohydrates. I also **try to** stay away from sweets of any kind.

パンとか炭水化物を一切食べないの。甘いものも全部、食べないようにしているの。

- try to ... 「…するように心がける；…しようとする」
- carbohydrates 「炭水化物」 stay away from ... 「…を避ける」 sweets 「甘いもの；スイーツ」
- don't, eat の末尾から [t] 音が脱落。try to の to では [t] 音が弾音化している。

F Are you exercising too?

エクササイズもやっているの？

- exercise 「エクササイズする」

F I don't have the time or discipline for that. **It's just a matter of watching what I** eat. At first it was really difficult, but now **I'm used to it**.

そういうことをする時間や自制心はないわね。自分が食べるものを管理するだけなのよ。最初はとても難しかったけど、いまは慣れちゃったわ。

- what I eat「自分が食べるもの」what は先行詞を含む関係代名詞。
- discipline「自制心」 it's just a matter of -ing「それは…するだけのことだ」
  at first「最初は」 be used to ...「…に慣れている」
- It's, used, it から [t] 音が脱落。just a は連結。matter では [t] 音が弾音化している。what I は連結部で [t] 音が弾音化。

F I **could stand to** lose a few pounds myself. Maybe I should give **that diet a try**.

私も数ポンド落としたほうがいいのよね。私も、そのダイエットをやってみるべきかもね。

- could stand to ...「…したほうがいい」 lose a few pounds「数ポンドやせる」
  give ... a try「… をやってみる」
- stand to では [t] 音が弾音化。that 末尾の [t] 音は脱落。diet a の連結部では、弾音化が生じている。try の [tr] の [t] 音は [チュ] に近い音に変化。

F I have a book I can give you **to get you started**.

あなたが始められるように、本をあげるわよ。。

- a book I can give「私があげられる本」関係代名詞の目的格 that が省略されている。 get you started「あなたを始めた状態にする」started は補語。
- to, started の [t] 音が弾音化している。

Unit 37 久しぶりだね 241

◀ Output A　しゃべる

リピーティング・シャドーイング・音読しよう！

1. CDのスロー・ナチュラル音声に続いてパートごとにリピーティングしよう／●3-47
2. CDのスロー・ナチュラル音声に合わせて、全体を通してシャドーイングしよう／●3-46
3. CDのナチュラル音声に合わせて、全体を通してシャドーイングしよう／●3-45
4. 音読トレーニングでさらに英語を定着させよう

F Kathy! Is that you!? Long time no see! You look great! **Did you lose** some weight?

G Good to see you Jill. Thanks for noticing. **I've been on a diet** for two months. Since I **started** I've lost **almost twenty-five** pounds!

F That's fantastic! What kind of **diet is it**?

G I **don't eat any** breads or carbohydrates. I also **try to** stay away from sweets of any kind.

F Are you exercising too?

G I don't have the time or discipline for that. **It's just a matter of watching what I** eat. At first it was really difficult, but now **I'm used to it**.

F I **could stand to** lose a few pounds myself. Maybe I should give **that diet a try**.

G I have a book I can give you **to get you started**.

◎ 全文訳 ◎

F キャシー！　あなたなの？　久しぶりね！　元気そうね！　ちょっとやせた？

F 会えてうれしいわジル！　気づいてくれてありがとう。2カ月ダイエットしているの。始めてから、ほぼ25ポンド減ったのよ！

F すばらしいわ！　それってどんなダイエットなの？

F パンとか炭水化物を一切食べないの。甘いものも全部、食べないようにしているの。

F エクササイズもやっているの？

F そういうことをする時間や自制心はないわね。自分が食べるものを管理するだけなのよ。最初はとても難しかったけど、いまは慣れちゃったわ。

F 私も数ポンド落としたほうがいいのよね。私も、そのダイエットをやってみるべきかもね。

F あなたが始められるように、本をあげるわよ。

Output B 集中して書く

日本語と英語の一部をヒントに、全文を書いてみよう！

1. これまでに学習したダイアローグの空欄部分を書いてみよう
2. Output A を見ながら解答を確認しよう
3. 解けなかった部分は Input B に戻って再学習しよう

F キャシー！ あなたなの？ 久しぶりね！ 元気そうね！ ちょっとやせた？
Kathy! Is that you!? _____! You look great! Did you _____?

F 会えてうれしいわジル！ 気づいてくれてありがとう。2カ月ダイエットしているの。始めてから、ほぼ25ポンド減ったのよ！
Good to see you Jill. Thanks _____. I've been on a diet for two months. _____ twenty-five pounds!

F すばらしいわ！ それってどんなダイエットなの？
That's fantastic! _____ is it?

F パンとか炭水化物を一切食べないの。甘いものも全部、食べないようにしているの。
I don't eat any breads or carbohydrates. I also _____
_____ of any kind.

F エクササイズもやっているの？
Are you exercising too?

F そういうことをする時間や自制心はないわね。自分が食べるものを管理するだけなのよ。最初はとても難しかったけど、いまは慣れちゃったわ。
I don't have _____ that. _____
_____ watching what I eat. At first it was really difficult, but now _____
_____.

F 私も数ポンド落としたほうがいいのよね。私も、そのダイエットをやってみるべきかもね。
_____ lose a few pounds myself. Maybe I _____
_____ a try.

F あなたが始められるように、本をあげるわよ。
I have a book I can give you _____.

Unit 37 久しぶりだね 243

Output C もっとしゃべる・書く

類似の英作文にトライ！

1. ダイアローグに登場したフレーズを利用して、英作文しよう
2. 「正解をチェック！」のページで答えを確認し、間違った問題に再チャレンジしよう
3. 難しい場合は、**Input B** の波線の文を参照して再学習しよう
4. CD音声だけを聞きながら、英作文やシャドーイングにチャレンジしよう／ 3-48

[1] 始めてから、ほぼ25ポンド減ったんです！
Since I started **I've** lost almost twenty-five pounds!

Ⓐ 夜勤を始めて以来、眠れないんです。
_____

Ⓑ 東京に引っ越して以来、世界中の人たちに会いました。
_____

Ⓒ ギャンブルをやめてから、家を買うのに十分な貯金ができるようになったんです。
_____

[2] それってどんなダイエットなんですか？
What kind of diet is it?

Ⓐ どんな音楽を演奏するんですか？
_____

Ⓑ どんなお鮨が好みですか？
_____

Ⓒ どんな会社で働いていますか？
_____

[3] 最初はとても難しかったけど、いまは慣れています。
At first it was really difficult, **but now** I'm used to it.

Ⓐ 最初はとても不安でしたが、いまは気楽に人前で話せます。
_____

Ⓑ 最初はゴルフがあまりうまくなかったんですが、いまは同僚のだれよりも上手なんです。
_____

Ⓒ 最初はタイ料理は口に合わなかったんですが、いまは大好きなんです。
_____

＊ comfortable -ing「気楽に…できる」　absolutely love …「…が大好きだ」

＜正解は p.247 で確認しよう＞

Answer Keys for Output C (Unit 31-37)

アウトプット C の正解をチェック！

Unit 31

[1] **Ⓐ** I finally got in touch with my best friend from high school.
   Ⓑ I finally received my acceptance letter from Harvard University!
   Ⓒ I finally decided to go back to school and get my master's degree.

[2] **Ⓐ** My parents want me to get married, but I like being single!
   Ⓑ My daughter wants me to buy her a bicycle for Christmas.
   Ⓒ My boss wants me to transfer to the sales department next month.

[3] **Ⓐ** You'll have to try harder if you want to succeed.
   Ⓑ You'll have to come over for dinner sometime.
   Ⓒ You'll have to stop by and see our new baby next time you're in town!

Unit 32

[1] **Ⓐ** There's a rumor going around that the Prime Minister is in the hospital.
   Ⓑ There's a rumor going around that the company president is going to resign.
   Ⓒ There's a rumor going around that a casino is going to open in downtown Tokyo.

[2] **Ⓐ** He couldn't afford to be late to work again.
   Ⓑ We couldn't afford to take a honeymoon when we got married.
   Ⓒ I couldn't afford to go to college, so I started to work right out of high school.

[3] **Ⓐ** It must be tough to be a single parent to two children.
   Ⓑ It must be tough to have to spend so much time away from home.
   Ⓒ It must be tough to move to a country where you don't speak the language.

Unit 33

[1] **Ⓐ** The highways were more crowded than we expected.
   Ⓑ The airfare was more expensive than we expected.
   Ⓒ The beach resort was even more beautiful than we expected.

[2] **Ⓐ** I was wondering what the weather would be like this weekend.
   Ⓑ I was wondering what that concert would be like.
   Ⓒ I was wondering what the new boss would be like.

[3] **Ⓐ** I suggested that he see a doctor as soon as possible.
   Ⓑ I suggested that we wait until the market improves before we buy a house.
   Ⓒ I suggested that she study abroad for at least six months to improve her English.

Answer Keys for Output C (Unit 31-37)

Unit 34

[1] **A** I just found out that my wife is expecting!
   B I just found out that I'm being transferred to our Osaka branch next month.
   C I just found out that somebody broke into my car and stole my golf clubs.

[2] **A** I'm really sorry to hear that you lost your job.
   B I'm really sorry to hear that your mother is in the hospital.
   C I'm really sorry to hear that they're getting a divorce.

[3] **A** From what I've heard, the government is going to lower the interest rates.
   B From what I've heard, gas prices are supposed to increase sharply.
   C From what I've heard, the board of directors is going to meet this weekend.

Unit 35

[1] **A** Are you looking to buy some new clothes?
   B Are you looking to change schools when you get your undergrad degree?
   C Are you looking to stay being a bartender for the rest of your life?

[2] **A** I couldn't believe how good the food was in Italy!
   B I couldn't believe how cold it got last night!
   C I couldn't believe how efficiently the trains ran in Japan!

[3] **A** We didn't want to have children until we knew we could support them.
   B We didn't want to announce our engagement until we set a wedding date.
   C He didn't want to turn in his resignation until he had found another job.

Unit 36

[1] **A** I want to get my driver's license, but I can't seem to pass the exam.
   B I want to find a girlfriend, but I can't seem to meet a woman I like.
   C I want to study abroad, but I can't seem to score above 500 on the TOEFL.

[2] **A** You have to pass your final exams before you can graduate.
   B You have to work for six months before you can get paid vacation days.
   C You have to be sixty-five before you can draw social security.

[3] **A** This is my first time visiting New York City.
   B This is my first time drinking shochu.
   C This is my first time working for a company this large.

Unit 37

[1] **A** Since I started working nights I haven't been able to sleep.
   B Since I moved to Tokyo I've met people from all over the world.
   C Since I quit gambling I've been able to save enough money to buy a house.

[2] **A** What kind of music do you play?
   B What kind of sushi is your favorite?
   C What kind of company do you work for?

[3] **A** At first I was really nervous, but now I'm comfortable speaking in front of people.
   B At first I wasn't very good at golf, but now I'm better than all of my coworkers.
   C At first I didn't like Thai food, but now I absolutely love it.

■ 著者略歴

長尾 和夫 (Kazuo Nagao)
福岡県出身。南雲堂出版、アスク講談社、NOVA などで、大学英語教科書や語学系書籍・CD-ROM・Web サイトなどの編集・制作・執筆に携わる。現在、語学書籍の出版プロデュース・執筆・編集・翻訳などを行うアルファ・プラス・カフェ (www.alphapluscafe.com) を主宰。『絶対「英語の耳」になる!』シリーズ全 15 点 (三修社)、『日常生活を英語でドンドン説明してみよう』(アスク出版)、『英会話 見たまま練習帳』(DHC)、『ビジネス英会話 高速変換トレーニング』(アルク)、『英語で自分をアピールできますか?』『英語でケンカができますか?』(角川グループパブリッシング)、『書き込み式・英語で自分を説明できる本』(日本経済新聞出版社)、『ネイティブ英語がこう聞こえたら、この英語だ!』(主婦の友社) ほか、著訳書・編書は 250 点を超える。『English Journal』(アルク)、『CNN English Express』(朝日出版社) など、雑誌媒体への寄稿も行っている。

トーマス・マーティン (Thomas Martin)
米国在住、米国オハイオ州出身。南山大学卒業。日本語・日本史専攻。株式会社 NOVA での豊富な英語指導経験を活かし、同社出版局に移籍。雑誌『NOVA Station (ノヴァ・ステーション)』、語学書籍シリーズ『NOVA Books』をはじめ、数多くの英語・異文化交流関連出版物の編集・執筆・翻訳等に携わる。98 年に独立後も、語学書籍の執筆・編集、知的財産権関連の翻訳、ビリヤード専門誌『CUE'S』の連載を手がけるなどマルチに活躍中。著書に『つぶやき英語 ビジネス編』(アスク出版)、『絶対「英語の耳」になる! 音声変化リスニング・パーフェクト・ディクショナリー』(三修社)、『説明するためのビジネス英語表現練習帳』(DHC)、『イラスト会話ブック・アメリカ』(JTB パブリッシング)、『新方式対応 TOEIC テスト厳選トータル問題集』(すばる舎) などがある。

〈聴く〉〈しゃべる〉〈書く〉の3つのメソッドで鍛える!
英会話トライアスロン

2015 年 6 月 10 日 第 1 刷発行

著　者	長尾和夫　トーマス・マーティン
発行者	前田俊秀
発行所	株式会社三修社
	〒150-0001　東京都渋谷区神宮前 2-2-22
	TEL 03-3405-4511　FAX 03-3405-4522
	振替 00190-9-72758
	http://www.sanshusha.co.jp/
	編集担当　北村英治
印刷・製本	壮光舎印刷株式会社

©2015 A+Café　Printed in Japan
ISBN978-4-384-04647-2 C2082

R 〈日本複製権センター委託出版物〉
本書を無断で複写複製 (コピー) することは、著作権法上の例外を除き、禁じられています。
本書をコピーされる場合は、事前に日本複製権センター (JRRC) の許諾を受けてください。
JRRC 〈http://www.jrrc.or.jp　e-mail : info@jrrc.or.jp　電話: 03-3401-2382〉